金融科技前沿

2019 年第 1 辑（总第 1 辑）

主　　编　李礼辉　王忠民
执行主编　刘　钊　孙芙蓉

中国金融出版社

责任编辑：吕　楠
责任校对：孙　蕊
责任印制：程　颖

图书在版编目（CIP）数据

金融科技前沿　2019 年第 1 辑（总第 1 辑）/ 李礼辉，王忠民主编．—北京：中国金融出版社，2019.11
ISBN 978－7－5220－0205－7

Ⅰ．①金…　Ⅱ．①李…②王…　Ⅲ．①金融—科学技术—研究　Ⅳ．①F830

中国版本图书馆 CIP 数据核字（2019）第 155369 号

金融科技前沿　2019 年第 1 辑（总第 1 辑）
Jinrong Keji Qianyan 2019Nian Diyiji（Zongdiyiji）
出版
发行　中国金融出版社
社址　北京市丰台区益泽路 2 号
市场开发部　（010）63266347，63805472，63439533（传真）
网 上 书 店　http：//www. chinafph. com
（010）63286832，63365686（传真）
读者服务部　（010）66070833，62568380
邮编　100071
经销　新华书店
印刷　保利达印务有限公司
尺寸　185 毫米×260 毫米
印张　9.75
字数　228 千
版次　2019 年 11 月第 1 版
印次　2019 年 11 月第 1 次印刷
定价　68.00 元
ISBN 978－7－5220－0205－7

金融科技前沿

CONTENTS 目录

第一篇　新趋势　新领域

科技可触达“最后一公里”

李东荣

如果我们从物理丈量的角度看，一公里的距离很短，但恰恰是这最后一公里凝聚了全球金融界同仁持之以恒继往开来的不断努力。迄今为止，要完成这最后一公里的攻坚任务依然任重而道远。所谓行百里者半九十。实践中，包括普惠金融在内的很多事业都是越接近目标，推进的难度越大，耗费的力气越多。因此，要打赢普惠金融“最后一公里”这场攻坚战，必须凝聚更多的智慧和力量，共同谋划，系统推动。下面，我就普惠金融的发展与实践谈几点个人思考，供大家参考。

从全球的情况看，自2005年世界银行正式提出“普惠金融”的概念以来，经过十多年的发展，普惠金融已经成为一项被国际社会和金融业界认同的金融发展战略。不论是发达国家，还是发展中国家，在普惠金融方面都因地制宜地形成了很多典型经验和良好实践，比如肯尼亚的手机支付模式、巴西的代理银行模式、孟加拉国的乡村银行模式及德国的IPC微贷模式。从我国的情况看，党中央、国务院高度重视发展普惠金融。党的十八大以来，按照政府引导与市场主导相结合的基本思路，我国普惠金融实践不断深入，呈现出服务主体多元、服务产品多样、覆盖面较广等特点，金融服务的可获得性和满意度不断提高。根据世界银行最新发布的《全球普惠金融指数报告》，中国的大部分指标均排在发展中国家前列。其中，正规储蓄使用率、正规借贷使用率等核心指标处于二十国集团（G20）国家中等水平，账户拥有率已优于G20国家平均值。

当前，随着经济社会的发展和科技的进步，中国乃至全球的普惠金融正进入一个新的历史阶段，主要呈现出四个新的发展趋势：

第一，服务更加精准化。我们知道，普惠金融服务主要面向传统金融服务模式和技术条件下不能覆盖的弱势群体。随着普惠金融实践的发展，服务对象从最初的贫困人口扩大到以农民、小微企业、贫困人群等为重点的社会各阶层和群体。服务范围从最初的扶贫融资到逐渐涵盖支付、信贷、理财、保险等更广泛的金融服务领域。随着服务对象和范围的扩大，只有精准滴灌式的金融服务供给，才能更充分地满足多元化、多层次的普惠金融需求。

第二，手段更加科技化。进入21世纪以来，全球科技创新进入了空前密集活跃的时期，以云计算、大数据、人工智能、移动通信为代表的新一代信息技术加速突破应用，驱动着经济社会各领域向数字化、网络化、智能化方向发展。运用科技手段发展数字普惠金融，有助于降低金融服务的门槛和成本，减少物理网点和营业时间限制，为破解普惠金融效率低、成本高、供需不匹配等全球共性难题提供了一条新的思路。

第三，主体更加负责任。近年来，负责任金融的理念在全球日益受到重视，并已被写入G20普惠金融议程。负责任金融注重发挥政府和市场的共同力量，通过有效的激励约束机制，加强金融消费者保护和金融教育，促进金融机构尽职履责，避免出现过度融资、不当销售、掠夺性借贷等不负责任的行为。回顾世界金融史，我们看到，韩国卡债危机、日本消费金融危机、美国次贷危机、印度小贷危机的发生都与金融市场主体不负责任的行为有很大关系。在普惠金融领域，客观地看，其信用和信任基础相对薄弱，客户的金融素养和风险意识也相对不足，因此，倡导和推动市场主体树立负责任金融的理念非常必要。

第四，模式更加可持续。在发展普惠金融初期，理论上存在“制度主义”和“福利主义”之争。前者将商业可持续性作为发展普惠金融的前提条件。后者则强调普惠金融的公益性和社会性，主张通过补贴、税收优惠等方式覆盖风险成本。随着普惠金融模式的不断探索，各界逐渐达成共识，在适当的政策激励和引入科技手段的情况下，商业可持续性和成本可负担性并非不可兼容。因此，在总结已有经验基础上，探索更多、更具可持续性的普惠金融模式，将是当前和未来一段时期内发展普惠金融的重要任务。

以上四点，既是普惠金融发展的新趋势，也是完成这一历史使命的客观要求。如何在新的历史时期建立更加精准化、科技化、负责任和可持续的普惠金融体系，应做好四个“同步推进”。

一是基础覆盖与丰富供给应同步推进。应继续按照国务院《推进普惠金融发展规划（2016—2020年）》有关目标要求，通过提高助农取款服务网络利用率、建立多层级小微企业和农民信用档案平台等措施，进一步提升基础金融服务覆盖率。同时，充分发挥传统金融机构和新型业态主体的比较优势，引导其结合自身特点，找准市场定位，开展良性竞争合作，共同为各类市场主体和广大人民群众提供多层次全覆盖的金融服务。

二是服务下沉与能力建设应同步推进。一方面，各类从业机构应通盘考虑普惠金融服务的经济账和社会账、短期账和长期账，通过增加基层机构普惠金融业务自主权、完善内部激励考核体系和内部定价转移机制、增强各类数字技术应用等方式，推动金融服务真正实现重心下沉。另一方面，应加强从业机构行为规范和责任能力建设，通过信息披露、风险提示、合格投资者管理等手段，提高普惠金融服务全流程的透明度，落实“卖者尽责”要求。同时，各相关主体应以低收入人群、农民等群体为重点，分类开展金融知识普及教育，提升消费者金融素养和数字能力，引导其树立“买者自负”的正确理念。

三是科技驱动与风险防控应同步推进。各类从业机构应积极稳妥地推动科技在普惠金融领域内的应用，提高普惠金融服务的质量和效率。如依托商业银行“三农”事业部、实验室等创新管理平台，在依法合规、风险可控的前提下，以普惠金融客户为中心，紧密结合普惠金融场景，加强同业及跨界合作，将“高大上”的数字技术运用于“接地气”的普惠金融产品。同时，不要忽视数字技术可能带来的“双刃剑”效应，主动建立健全风险管理、合规管理、内部控制等业务管理制度，切实完善数据保护、运行监控、态势感知等安全保障措施，使数字普惠金融创新可能带来的各类风险始终处于可管、可控、可承受范围内。

四是政策激励与实践创新应同步推进。应结合普惠金融服务需求的变化趋势，继续实施激励性的货币信贷政策、差异化的监管政策、针对性的财税政策以及特色化的地方配套政策，加强各类政策的协同与衔接，发挥国家融资担保基金、地方政府风险补偿基金等风险分担机制的作用，促进金融资源向普惠金融倾斜。同时，应尊重市场规律，坚持普惠金融服务主体的公平准入、公平竞争和公平规制，着力破解不合理政策约束和制度瓶颈，增强各类从业机构开展普惠金融实践创新的内生动力。

发展普惠金融既是关系国家经济金融发展的大事，也是关系人民群众获得感和幸福感的实事，需要汇众力、集众智、出实招。中国互联网金融协会作为国家级行业自律组织，愿与大家共同携手，加强合作，以高度政治责任感和使命感，积极投身“最后一公里”攻坚战，推动实现普惠金融的美好愿景。

（作者系中国互联网金融协会会长）

数字货币：货币体系的又一次重构

李礼辉

2009 年，基于区块链技术的比特币面世。2019 年 6 月 18 日，由全球社交网络巨头 Facebook 主导的数字货币 Libra 测试网上线，预定 2020 年正式运行，目标是成为一个不受华尔街控制、不受中央银行控制，可以覆盖数十亿人的全球性货币和财务基础设施。数字化的货币形式可以称为数字货币，本文通过对数字货币中的法定数字货币、虚拟货币、可信任机构数字货币的观察，试图分析阐释这样一个问题：数字货币会不会是全球货币体系的又一次重构？

一、法定数字货币的基本架构有待抉择

具有法定地位、具有国家主权背书、具有发行责任主体的数字货币构成法定数字货币，或称中央银行数字货币。

多个国家的中央银行早已宣布启动基于区块链技术的数字货币研发。但关于法定数字货币的基本架构，目前意见并不一致，例如，是基于通证 Token 还是基于账户 Account，是为零售服务还是为批发服务，是锚定的还是非锚定的，有待进一步论证和抉择。

更为重要的是，法定数字货币的发行模式，是维持传统的法定货币“中央银行—商业银行”的间接发行机制，还是构建“中央银行—公众”的直接发行机制？采用间接发行机制，现行的货币市场运行模式不会发生根本性的变化，数字货币将逐渐取代传统货币；如果采用直接发行机制，中央银行将拥有货币市场调控的绝对地位和权力，将可以直接吸收公众存款，从而限制商业银行的初始信贷能力。

应用区块链技术构建法定数字货币，理论上具备相对于传统法定货币的优势。一是可以直接支付、无现钞支付，有利于减少交易成本和货币流通成本，提高资金周转速度和运用效率；二是中央银行可以拥有实时、完整的数据，有利于实现货币供应总量的精准调控；三是资金流信息可观察可追踪，从反腐败、反洗钱、反恐怖融资、反逃税的角度看，高效率的资金流信息追踪，能够实现更好的管控效果。

在我国，微信支付、支付宝应用大数据、云计算等新技术，构建以信任链接为纽带的支付和生活服务平台，突破传统支付模式，已经实现十亿级的直线链接。微信支付、支付宝占领了零售支付市场，现金、ATM 的交易笔数不断缩减，银行卡成为微信支付和支付宝的账户卡，退守大额支付市场。

数字货币可否替代传统货币形式，取代新兴的电子支付工具，成为主要货币形式和主要支付工具，将取决于四个关键因素，即效率更高、成本更低、具有商业价值的经济规模、具备社会认可的可靠性和安全性。

二、虚拟货币的底层技术有待突破

如何定义公有区块链社区的 Coin 或 Token？有的强调数字技术特征，将 Coin 称为“加密数字货币”。有的强调金融属性，将 Token 称作“通证”。

我的粗浅看法是，如果认同货币的本质是“一种关于交换权的契约”，就应强调“交换权”的经济依托及其金融属性。Coin 或 Token 不仅在虚拟社区内成为价值标记和支付工具，而且可以与法定货币交易，形成交易价格，也就具备了金融工具属性。因此，将 Coin 或 Token 定义为“虚拟货币”可能更为贴切。同时应该明确，虚拟货币如果没有合格发行责任主体、没有实体资产支撑、没有足够的信用背书，也就区别于法定数字货币，也区别于可信任机构数字货币。

2009 年，当比特币带着区块链标签面世时，很少人能够洞察未来。最近两年，虚拟货币大起大落，暴跌暴涨；有人挖矿，有人投机；有人发财，有人破产；极少数获得了证券许可，大多数涉嫌非法集资。

以比特币为代表的虚拟货币得以生长，其实具有经济层面的原因。

一是虚拟货币的生存土壤。“去中心化”架构的公有链本质上属于实行自规则的自组织，通行网络共识的治理机制和发行虚拟货币的激励机制，虚拟货币是参与者认可的等价物和支付工具。

二是虚拟货币的市场需求。虚拟货币交易可匿名、可跨境、难管制，既可用于公有链社区，也可用于灰黑色交易，甚至可能成为资金非法流动的工具和投机交易的工具。全球“暗网市场”一直存在毒品、枪支、色情等非法交易，规模难以计量，比特币等成了这种“地下”可信任、“地上”难管控的支付工具。

三是虚拟货币的投机市场。例如，比特币大账户把握在少数人手里，有人估算，40% 的比特币由大约 1000 个账户持有。这些“关键少数”位于食物链顶端，有可能操纵市场，掌控价格。币圈市场上的散户往往被“割韭菜”，损失巨大。

虚拟货币的技术性缺陷来自“去中心化”的公有区块链架构。在这种架构下，全网验证需要超大规格的数据同步，各个节点的运行能力需要达标和均衡。因此，无论是比特币，还是以太坊，至今仍然尚未解决交易效率和规模化问题。

虚拟货币的经济性缺陷在于，缺乏足够的实体资产支撑和信用背书，价值不稳定，投机性太重。2018 年，比特币触底 3158 美元，比最高价缩水 84%。全球虚拟货币总市值由年初的 8350 亿美元下降到 1100 亿美元，跌幅接近 87%。

基于上述因素，虚拟货币似还将生存和发展，极少数可能扩张领地，大多数只能偏居一隅。未来，虚拟货币依赖的区块链底层技术如果能够突破规模化应用的瓶颈，虚拟货币的运行机制如果能够解决价值稳定问题，才有可能进入大众化的交易和支付场景。

三、可信任机构数字货币的动向有待观察

具有公信力的机构包括金融机构发行的数字货币，可称为可信任机构数字货币。

这里提出“可信任机构数字货币”的概念，主要基于这样一些考虑：能够成气候的数字货币必须是可信任的，法定数字货币因为法定地位和国家主权背书而可信任，其他任何机构的数字货币要做到“可信任”，必须具备这样一些品质：具有公众信任机构的信用背书；具有商业价值的客户规模；具有高效可靠的金融交易和支付平台；具有可审计的金融资产支撑；具有行政许可的市场准入。

与虚拟货币相比，可信任机构数字货币更有可能成为数字金融市场通用的交易工具。

2017年7月，高盛数字货币SETL Coin获得美国专利商标局首个数字货币专利。2019年2月，摩根大通推出JPM Coin，用作Interbank Information Net（IIN）的支付清算工具。摩根大通计划将IIN链接400家银行，替代SWIFT系统。2019年3月，IBM和Stellar的IBM BWW（Blockchain World Wire）主网上线，用于数字资产交易和结算，支持多种法定货币和数字货币实时汇兑。瑞士联合银行主导的13家跨国银行，准备于2020年推出基于分布式记账技术的“多功能结算币”，以美元、日元、欧元、英镑等主要货币计价，用于清算和结算交易。

直到2019年6月18日，Facebook推出数字货币Libra。如果能够获得监管许可，Libra似乎具备了成为可信任机构数字货币的全部特性。

一是行业巨霸联合创始，覆盖巨大客户群体。Libra由Facebook牵头，联合创始机构28家，包括信用卡清算巨头MasterCard和VISA、线上支付系统PayPal、线上旅游预订公司BookingHoldings、电商平台EBay和Mercado、线上打车平台Left和Uber、流媒体音乐平台Spotify、线上奢侈品平台Farfetch、电信运营商Vodafone，这些巨无霸级创始机构完全可以为Libra提供足够的信用背书，而且拥有巨大的覆盖全球的客户群体，归并计算至少20亿。

二是应用数字技术，构建独立的金融基础设施。微信支付、支付宝已经证明了数字化金融基础设施的可行性。只是微信支付和支付宝不发行自己的数字货币。Libra应用联盟区块链的分布式对等架构，也有可能同时应用隐私计算技术以防止多方数据协同架构下的数据泄露，保护数据隐私和数据安全。分布式对等架构和隐私计算技术历经迭代演进，理论上应该具备大规模应用的可行性。Facebook宣称，Libra的目标是创建一个简单的全球性货币和财务基础设施，应用自己的Calibra电子钱包或者Facebook旗下Messenger/WhatsApp等即时通信软件，提供可以覆盖全球各个角落的交易和转账平台，不再需要银行。

三是以“硬资产”做支撑，保持价值稳定。Libra 协会成员每家至少投资 1000 万美元，作为储备金。用户购买 Libra 的法定货币，也将成为储备金，用来支撑 Libra 的价值。Libra 用储备金进行低风险、低回报的投资，与美欧国家的债券与法定货币等低波动率实体资产捆绑，以保持价值稳定。Facebook 低调表示，“这个项目的成功，取决于其与现有金融体系受信任的、安全的融合。世界各国政府，尤其是监管和执法当局，是这项努力必不可少的合作伙伴”。同时，Facebook 又高调宣称，“希望 Libra 成为一个不受华尔街控制、也不受中央银行控制的新金融系统的基础设施”。Libra 更像是一个企图僭越中央银行威权、颠覆现有货币体系的数字化的新金融系统。Libra 能否成功，将取决于市场准入和行政许可。

在数字金融市场准入上，上述几个由大型金融机构发起的数字货币项目已经得到监管许可。Libra 在瑞士注册，能否得到世界各国政府金融监管部门的认同和许可，能否获得金融体系的信任并实现与现有金融系统安全可靠的融合，目前还没有明确的答案。

美国近几年陆续颁发数字货币牌照和电子钱包牌照。在法律上，似乎没有足够的理由简单拒绝 Libra 的申请，更有可能的是，给予 Libra 附加限制性条件的行政核准，比如，要求 Libra 锚定的法定货币篮子中增加美元比重以符合美元的国际货币地位，要求 Libra 遵循关于反洗钱、反恐怖融资、反逃税的法律规范。

四、超主权数字货币可能重构全球货币体系

Libra 对现有货币体系构成了前所未有的挑战：超越国家主权，僭越中央银行，跨越商业银行。超主权数字货币有可能从根本上重构全球的货币体系。

一是可能冲击主权货币地位。货币作为一般等价物的地位本质上取决于公众的信任，“法定”只是加强了公众信任。贝壳成为原始货币形态并非出于“法定”，而是公众认可的等价属性。落后国家、经济困难国家的主权货币一旦失去国民的信任，就可能被可信任机构数字货币所取代。经济发达的国家或联盟的主权货币可能成为可信任机构数字货币的锚定对象。

二是可能重塑货币霸权地位。数字货币的霸权地位，将由可信任机构数字货币的覆盖范围、用户规模和实体资产规模来决定，全球有可能出现几个势均力敌的数字货币系统。全球流通的超主权数字货币也许不再有明确的国别标签，最为重要的是公众认可的全球性商业信用和数字信任。

三是可能形成跨越商业银行的金融体系。Libra 这类可信任机构数字货币体系，有可能形成可以覆盖全球各个角落的金融基础设施，从支付清算入手，逐步进入储蓄、融资、投资、保险、资产交易等领域，渗透平民大众的经济生活，与现有的银行体系分庭抗礼，并意图取而代之。

四是可能影响人民币国际化的进程。人民币如果未能纳入全球性的数字货币体系，

其未来的影响力范围就有可能被削弱。

我们应该积极应对数字货币发展带来的挑战。

一是掌握数字技术、数字经济的主导权。实施数字技术和数字经济国家战略，国家队加民营队，大中加小微，加快推进数字技术研发和数字经济研究，在数字技术的关键领域掌握自主知识产权，在数字经济的关键领域建立全球性竞争优势。数字货币在未来的全球数字经济竞争中居于核心地位，当前很有必要抓紧研究数字化时代人民币国际化的实现路径，抓紧研究发行中国主导的全球性数字货币的可行性。

二是加快数字金融制度建设。立足于保证数字金融的可持续发展，立足于防止发生系统性金融风险，抓紧建立数字信任机制，抓紧制定法定数字货币发行、数字资产市场监管、可信任机构数字货币监管、虚拟货币监管等数字金融制度，抓紧研发数字金融技术国家标准，抓紧建立专业化的数字金融技术应用审核和验证体系。

三是加强国际协调。数字金融势必强化金融的全球化。在数字金融全球制度建设中，我国应该积极参与并努力争取话语权。应该加强国际监管协调，促进达成监管共识，建立数字金融国际监管统一标准，采取国际监管一致行动，联合研发可行的技术方案，有效管控资金的跨境违法流动。

（作者系中国互联网金融协会区块链工作组组长、中国银行原行长）

金融科技的发展趋势及展望

伍旭川

一、金融科技的发展趋势

（一）金融科技将继续沿着提升金融服务业效率的方向发展

大数据和云计算等人工智能技术的不断发展，推动了金融与科技的不断融合，使得金融科技这一新兴业态快速发展。金融科技的发展将真正意义上提升金融服务业的效率，主要体现在以下两个方面：

第一，通过机器学习的算法交易替代人工交易。事实上，20 世纪 IT 技术的发展并应用于金融业时，金融业的效率并没有因此而得到提升。主要原因在于，IT 等信息技术尽管降低了金融的交易成本，但同时也提高了金融产品的管理成本。近年来金融科技的发展将能够真正意义上提升金融服务业的效率，主要是因为人工智能可以降低金融产品的管理成本。比如，高盛的交易员曾一度达到 600 多名，金融科技的发展使得这些交易员被 200 多名计算机工程师开发的自动化交易程序所替代。在此次金融科技的发展浪潮下，大多数交易员的职能都可以被机器所替代，从而将大幅降低金融交易和金融产品管理的成本。因此，我们可以预见的是，金融领域标准化的人工交易将逐步由成本相对更低的机器交易所替代。

第二，大数据和云计算等人工智能技术将降低信息处理成本。金融业的很多业务和环节都涉及大量的信息处理工作，比如信贷审批、客户身份识别和反洗钱等工作，都需要处理大量的金融交易信息和用户的特征信息。大数据和云计算等人工智能技术，能够快速处理金融业所涉及的产品与客户的大量信息，金融业的信息处理成本将大幅降低。比如，人工智能在金融领域的具体应用，表现在智能客服、图像识别和智能服务机器人等。智能客服可以替代人工业务咨询服务等，通过大数据和语音技术为客户提供精准的个性化服务；图像识别除了应用在金融业务的核心区域外，还可以应用在许多移动金融业务的身份识别，提升交易的安全性；智能服务机器人可以直接与客户交流互动，当前一些商业银行已将其投入应用于网点的大堂服务，有利于提升服务的效率并降低业务成本。

（二）人工智能将推动工业制造业和第三产业的自动化水平

人工智能不但是金融科技领域的重要内容，除了将深入应用于金融领域，还将在工业制造业和第三产业发挥很大的作用。人工智能在 20 世纪就已经应用在工业和制造业领域的自动化生产，21世纪的人工智能得益于深度学习和大数据等技术的发展，能够在更多产业领域得到应用，提高生产和服务的效率。比如，金融业已经开始应用人工智能来实现自动交易；物流业也在开发机器人来实现货物的分拣，未来甚至还有可能通过机器人来替代人工配送；在交通领域，自动驾驶技术在不断升级、无人驾驶汽车已投入生产；甚至在酒店和餐饮等服务业，都可能大规模地使用基于人工智能技术的机器人。总之，21世纪的人工智能将广泛应用于服务业，实现服务业的自动化。

人工智能的发展将重新定义劳动分工，劳动分工不再仅仅局限于人与人之间，还进一步拓宽到人与机器的分工。当前全球已逐步进入老龄化阶段，各产业的发展将面临由劳动力不足带来的成本上升，发展人工智能的动力将不断增强。《世界人口展望(2017年修订版)》的数据显示，2017年全球60岁及以上人口约9.62亿人，占全球人口13%，并且每年以3%左右的速度增长，如果继续按照该速度增长，到2050年，60岁及以上人口数量将增长两倍多。人口老龄化将制约经济的长期增长。人工智能在促进经济的长期增长方面发挥着双重作用：第一，部分替代劳动力，弥补由老龄化问题带来的劳动力下降。第二，人工智能将成为新的生产要素，提升全要素生产率，驱动经济的长期增长。

推动机器人广泛应用于服务业，可以在很大程度上抵消老龄化青壮年劳动力供给不足带来的经济社会问题，避免服务产业从业人员高龄化，同时还有利于降低成本、促进经济增长。麦肯锡全球研究院（MGI）的报告预测，中国51%的工作内容有自动化的潜力，通过AI领导的自动化可以使中国的GDP每年增加0.8～1.4个百分点。

根据国际数据公司（International Data Corporation）发布的《对话式人工智能白皮书》，全球人工智能技术支出到2020年将达到2758亿元人民币，未来5年复合增长率达到50%；到2020年，中国人工智能技术支出将达到325亿元，占全球整体支出的12%。从中国人工智能当前发展的行业分布来看，根据艾媒咨询（iiMedia Research）发布的《2017年中国人工智能行业白皮书》报告，计算机视觉领域拥有最多人工智能创业公司，占比为17.7%；紧随其后的是服务机器人领域，占比为15.0%；排名第三的是语音及自然语言处理领域，占比为9.7%；智能医疗、无人驾驶、机器学习等领域也占有较大的市场份额。随着人工智能投资的不断增加，在促进人工智能这一新兴产业自身发展的同时，还将促进我国各产业生产率的不断提升。

（三）区块链的应用前景将更加广阔

CB Insights发布的《2017年区块链投资趋势报告》显示，全球区块链的投资额度在2015年就已超过了5亿美元（见图1），2017年第三季度末达到6.4亿美元，预计2017年全年投资额将达到8.3亿美元。随着区块链投资的不断增加，区块链在更多的金融场景应用将得到实现。

区块链技术最早、最广泛、最成功的运用是以比特币为代表的数字货币。区块链的信息不可篡改和交易的可追溯性等特点，已逐步应用在数字票据和资产托管等领域。比

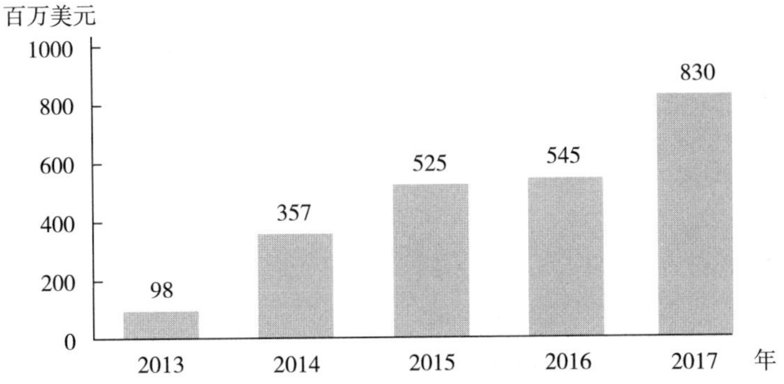

图 1　全球区块链投资趋势（预测值）

如，上海票据交易所于 2018 年 1 月 25 日成功上线并试运行数字票据交易平台，邮政储蓄银行于 2016 年 10 月上线资产托管区块链平台，深圳金融科技研究院于 2018 年 9 月 4 日上线试运行联合中国银行等机构开发的粤港澳大湾区贸易金融区块链平台。区块链未来将可能成为金融科技的重要基础设施，在越来越多的金融业务领域发挥底层技术的作用。

比如，在供应链金融领域，区块链技术将有助于解决当前供应链贸易和融资中由信任和信息导致的风险问题。基于区块链的供应链金融平台的解决方案包括：一是通过数据上链登记，实现各方信息一致、保证数据安全可信，建立对等协作基础；二是引入多种数据验证机制，保证数据真实性；三是实现信息安全共享，满足各方信息需求；四是通过智能合约交易，简化流程执行，公开透明化交易，推动业务创新探索。

区块链还将应用于证券领域的股票发行、分类和交易记录等。美国纳斯达克证券交易所在区块链领域已经进入了实际测试阶段，区块链技术的应用有望将美国证券市场内普遍的结算审核时间从小时级降低至分钟级，甚至是秒级。随着区块链技术在证券交易应用的技术和模式的不断成熟，未来其他国家的证券交易可能将会积极投入区块链的应用。另外，区块链在跨境支付清算、资产证券化和保险等多个金融业务领域，能够帮助降低业务成本、提升信息的安全性和业务的真实性，应用前景较为广阔。

（四）大数据在金融风险中的防控作用将更加凸显

大数据是金融监管部门构建大数据监管平台的基础，帮助金融监管部门以动态、实时、互动的方式，通过金融大数据对金融系统内的行为和其潜在风险进行系统性和前瞻性的监管。中国信息通信研究院发布的《大数据白皮书（2018 年）》测算出 2017 年我国大数据产业规模为 4700 亿元（见图 2），同比增长 30%。其中，大数据软硬件产品的产值约为 234 亿元人民币，同比增长 39%。

一方面，大数据技术有助于提升金融数据的质量，为金融风险的防控提供精准和全面的数据基础。通过大数据技术和软件集成工具，金融机构可以快速生成业务报表和报告，并将会计和合规的软件接入监管报告系统以减少人工数据输入，降低金融机构向监管机构提供数据的成本，提高监管报告准确性。同时，监管机构在审查和处理金融机构的数据时，通过大数据分析可以识别数据鸿沟、数据不一致等问题，提升数据的质量。

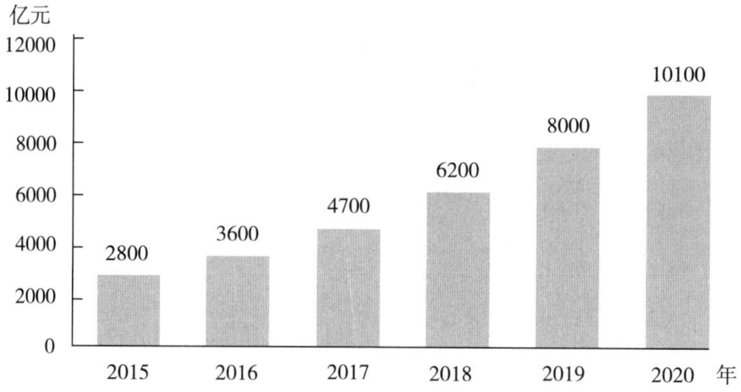

图 2 中国大数据市场产值（预测值）

另一方面，大数据技术将帮助监管机构及时生成监管报告，及时掌握金融市场运行的动态，增强事中监管的及时性和全局性。金融监管的人力成本越来越高，面对不断扩大的金融市场和更加复杂的金融产品，并由此产生的海量金融数据，单纯靠人力进行监管难以满足监管的需要，大数据将在金融监管中发挥越来越重要的作用。大数据在有效的分析和呈现下，不仅能让监管者迅速观察到已经和正在发生的事件，更能让其预测到即将发生的风险和这种风险发生的概率，更有利于监管者动态配置监管资源。

（五）监管科技将被金融机构和监管部门更加重视

金融科技的发展对金融监管提出了更高的要求，随着监管的工作量不断增加，以及金融机构满足监管合规要求的成本上升，监管科技将同时成为监管机构和金融机构的重要选择。当前，监管科技已在监管报告的自动生成、交易监控等方面有了一定的探索。未来，监管科技将在金融风险的防控和提升监管的智能化水平发挥重要的作用。CB Insights 发布的《2017 年全球监管科技发展趋势报告》显示，全球监管科技的融资额度在 2015 年最高达到 12.94 亿美元（见图 3）。监管科技将随着融资的增加而不断发展，为金融科技和监管机构提供更好的服务。

首先，金融机构将更多运用监管科技来降低自身的风险。这方面的风险主要包括由客户虚假信息、交易欺诈和未满足监管合规要求带来的风险。金融机构通过发展监管科技，将其用于客户身份认证、尽职调查、交易监控，降低业务风险和合规等方面成本。当前，美国监管科技公司 Feedzai 已为金融科技提供监控风险和反欺诈的解决方案，通过交易监控来发现存在滥用的行为。近年来，我国 P2P 网贷等互联网金融平台风险较大，随着我国金融监管的加强，金融机构合规需求将不断增加。2017 年，中国银监会开出了 3452 张罚单，处罚机构 1877 家，涉及 1547 名责任人员，罚没金额近 30 亿元。我国监管科技发展的市场需求将随着监管的加强而不断增加。

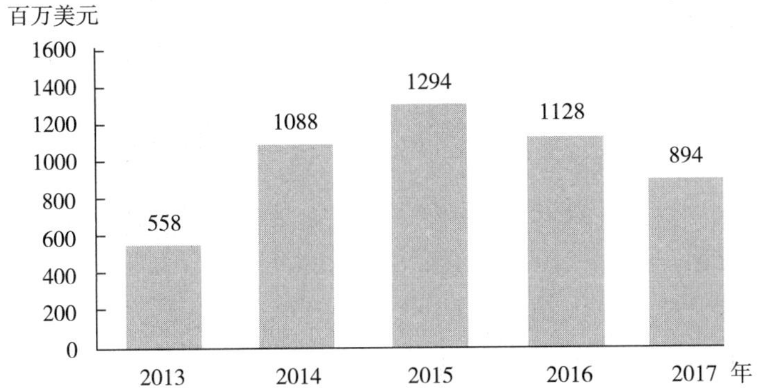

图 3 全球监管科技融资趋势

其次，监管机构也将越来越重视监管科技在提升监管水平方面的作用。监管机构发展监管科技将对金融机构进行实时、动态的监管，推动监管模式由事后监管升级到事中监管，有效解决监管滞后问题。监管机构发展监管科技，将提升监管更多金融交易的承载能力，提高风险的识别和处置能力，将所有的金融风险事件尽可能地在当个交易日内及时地处理，控制风险的跨时、跨机构和跨区域传染，提升监管的有效性。另外，监管机构可以将监管的规则嵌入金融机构的业务系统，通过监管科技提升监管的智能化水平。

二、金融科技发展的挑战

（一）短期的金融乱象

金融科技的快速发展相伴随的金融创新，在一定程度上突破了现有的监管框架。在监管漏洞未能及时修复之前，难免存在监管套利，累积了潜在的系统性风险，影响金融系统的稳定性。

从微观层面来看，由于信息的不对称，投资者和金融消费者无法区分好的金融科技和差的金融科技，其利益难以得到有效保障。比如，以 P2P 网贷行业为例，此前由于监管的滞后，整个行业的信息不对称问题极为严重，很多 P2P 网贷机构违规建立资金池，存在卷款跑路的风险。因此，由于信息的披露不足，投资者在事前并不知道哪些 P2P 网贷机构是真正从事合规的业务，一旦将资金投入易租宝这样的平台，资金的安全性无法得到保障。另外，技术的不确定性带来的风险本应该由平台机构来承担，一些金融科技平台机构存在掩藏技术风险的道德风险，将技术的风险转嫁给投资者和金融消费者。

从宏观层面来看，由于金融监管的滞后性，金融安全漏洞在修复以前总是会存在一定时期的金融乱象，各国的经验历来如此。比如，在第三方支付行业，第三方支付机构非法截留、挪用金融消费者的资金，容易产生流动性风险。因此，人民银行及时出台了《关于实施支付机构客户备付金集中存管有关事项的通知》，要求支付机构自 2017 年 4 月 17 日开始交存客户备付金，及时修复了第三方支付的安全漏洞。然而，在金融科技的其他领域，在其风险尚未充分暴露之前，未雨绸缪的金融监管是难以全面推行的，因为监管机构事前可能也很难知道哪些领域存在监管漏洞。最优的监管政策通常是准入式监管以及在金融乱象发生以后的及时治理，尽可能地降低金融乱象给金融消费者带来的损失，防止风险的扩散。

（二）中期的结构调整

金融科技的快速发展，将可能带来全行业的变革。无论是传统的工业和制造业，还是金融服务业等第三产业，金融科技都将发挥很大的作用空间，其结果可能是带来中期内较大的结构调整。在传统的工业和制造业领域，人工智能可以进一步提升其自动化水平，一方面降低了对劳动力的需求，另一方面还能进一步提升生产效率。在金融领域，许多标准化的工作内容正在被机器所替代，比如，审计和风控等业务领域，人工智能可以快速处理大量业务，节省劳动力成本、提升业务效率。在第三产业的其他领域，很多常规工作也将可能被机器所替代。比如，日本某酒店就已经开始使用机器人来替代人工服务，除了酒店入住实现了智能化的程序外，如客房的全智能门锁外，还有各种类型的机器人为客人提供全自动行李搬运等各方面的服务。该酒店的机器人成本低于人力成本，其定价也低于同等酒店的价格。同时，美国某家快餐店也开始完全使用全自动化的机器人来提供餐饮服务。

随着金融科技的发展，第三产业应用人工智能的潜力将不断被发掘出来。然而，中期的结构调整不可能是没有成本的。随着人工智能对劳动力的替代，一方面可以缓解由老龄化带来的劳动力供给冲击的影响，另一方面也会带来结构性失业。同时，随着人工智能对现有工作岗位的替代，一方面会产生更多高技能的工作岗位需求，另一方面也会创造更多工作岗位来维护机器、系统和数据维护工作。最终结果是，结构的调整会带来工作岗位的大分流。

（三）长期的不平等

金融科技的发展在长期内可能会带来至少三个维度的不平等：一是个体之间的收入不平等；二是企业之间的发展不平等；三是国家之间的发展不平等。

首先，随着人工智能的发展，人工智能作为新的生产要素投入生产时，会对个体的收入带来两方面的不平等：第一，对中低技术劳动者的需求可能会大幅降低，使得整个社会的工资收入份额下降，劳动收入与资本收入之间的差距会进一步拉大；第二，中低技能的劳动者与高技能的劳动者之间的收入差距也会增大。

其次，企业之间的发展不平等也会加剧。随着大数据技术的不断发展，大企业将更多地受益于大数据带来的好处。其原因在于，大企业相对中小企业有更长的发展历史，有更丰富的数据，这些数据有助于投资者分析和预测，可以降低大企业融资成本的不确定性溢价。中小企业由于数据相对不完善，在融资时需要向投资者支付更高的不确性溢价。因此，大企业融资成本的相对降低，主要得益于投资者的大数据分析，从而有助于帮助其规模的扩张，进一步加大企业层面的不平等。换句话说，金融科技的发展将可能导致全行业的垄断程度加剧。

最后，国家之间的发展不平等也会随着其产业结构的调整而有所加剧。过度依赖劳动密集型经济增长模式的国家，如果大力发展人工智能，则会在中短期内带来大量的失业，承担较大的调整成本，在发展人工智能方面面临着更大的阻力；如果不积极发展人工智能，人工智能等金融科技的发展步伐将会滞后于其他国家，从而拉大与人工智能发展较快的国家之间的差距。

三、如何推动金融科技的进一步发展

（一）强化准入监管、完善监管制度

为了尽可能地避免金融科技无序发展带来的短期金融乱象，最大限度地保护金融消费者的利益，需要强化金融科技行业的准入，完善金融科技的监管制度框架体系。首先，要坚持金融从业持牌经营的原则，所有的金融科技机构，只要涉及金融业务，都需要获得相应的经营牌照，接受相应的金融监管，将所有金融科技的金融活动在监管的规范下开展，避免监管真空和监管滞后带来的金融诈骗等。其次，可以探索人工智能应用于金融监管，发展监管科技，提升金融监管的效果。最后，在特殊的金融业务领域，可以采用沙盒监管的模式，平衡金融创新和风险的防范。

（二）统一数据标准、完善基础设施

金融科技的发展积累了大量的金融数据，同时这些大数据也是许多金融科技业务发展的基础，金融科技的进一步发展需要更丰富的金融大数据和更先进的大数据分析技术。数据标准化是支持人工智能开发的重要前提，除了技术本身之外，标准化的大数据甚至也将成为金融科技发展的重要基础设施。然而，当前的金融科技发展呈现出数据割裂、信息孤岛的态势，需要统一数据标准。因此，在不影响国家信息安全和用户隐私保护的前提下，一方面要推动数据标准的统一、提升数据的机器可读性；另一方面要推动数据共享，这包括推动金融机构脱敏数据的共享，以及政府公共数据与私人数据之间的共享，将大数据作为金融科技的基础设施来发展。特别是在金融科技领域，监管机构可以先制定金融科技行业的数据标准，同时发展人工智能监管，通过机器读取数据来提升监管水平。

（三）提升金融服务、推动普惠金融

金融科技的发展有利于提升整个金融市场发展的广度和深度，要积极引导金融科技在金融市场中的补短板作用，推动普惠金融的发展。由于信贷约束导致融资机会的不平等，进而带来了发展的不平等和收入的不平等，人工智能的发展又将进一步通过信贷约束的机制放大整个社会的不平衡，普惠金融在缩小社会差距方面将发挥越来越重要的作用。一是，发挥数字普惠金融的优势，提升落后地区金融服务的可得性，降低机会的不平等；二是，可以积极引导众筹和 P2P 网贷等融资方式支持中小微企业的发展，提高中小微企业的融资能力，缩小发展的不平等。

（四）加大技术投入、推动结构调整

人工智能广泛应用于传统行业将是大趋势，有助于推动结构转型和升级，提升整个社会的生产率水平，为经济的长期增长带来持续的动力。加大传统行业的人工智能等技术投入，主动适应人工智能变革带来的结构调整，一方面具有先发优势，另一方面能够避免未来被动调整带来的更大成本。随着我国人口老龄化程度的不断提升和人口红利的逐渐消失，我国劳动力成本也随之上升，持续多年的低成本劳动力优势逐渐被东南亚等国家所追赶。因此，加大人工智能技术的投入，有利于提升我国制造业等产业在国际上的竞争力。

（五）加强教育培训、强化人才培养

金融科技的发展最根本的是需要大量的人才来推动，无论是程序和应用的开发，还是将人工智能应用于传统产业的改造，这都需要大量的专业人才。第一，从长远来看，可以探索将人工智能纳入基础教育，开发一些基础性的编程课程体系，有助于提升未来整个社会的人工智能的知识水平，能够更快地适应人工智能带来的结构调整；第二，要引进和培养高水平的人工智能领域等金融科技专家团队，构建高水平的人工智能等领域的金融科技实验室，开展项目研究、推动成果的应用。第三，要发展人工智能的职业教育，实现基础教育与职业教育之间的平衡，以应对结构性失业带来的问题。

（六）加强国际协调、推进共同治理

金融科技的发展也带来了全球性的风险隐患，需要国际监管的协调。比如，比特币等虚拟货币的洗钱风险和恐怖主义融资等犯罪活动，影响国家的经济安全和金融稳定，这需要国际间的共同治理来应对。虚拟货币和数字货币的发展不仅影响到一国货币的稳定性，还会冲击到现有的国际货币体系，给国际货币交易和流动性带来不确定性。另外，国家之间监管的不一致，会导致金融科技资本流向监管宽松的国家，一旦发生风险也会传染到其他国家，不利于国家之间的公平竞争和系统性风险的防范。可以在《巴厘金融科技议程》的框架下，建立国际间的金融科技监管协调机制，构建有效的全球金融安全网。

（作者系中国人民银行研究所互联网金融研究中心秘书长）

金融支付科技的历史与未来

范文仲

一、注重科技创新，企业才有未来

在第五届世界互联网大会贺词中，习近平主席指出，“当今世界，正在经历一场更大范围、更深层次的科技革命和产业变革。”事实上，现在金融科技领域正在发生一场深刻的革命，这场革命正在显著地改变我们的金融业态以及人类的生活方式。

人类在历史上经历过三次科技革命，也实现了三次飞跃，总结为“3S”革命：第一次科技革命是农业革命，解决的是人类的生存问题，是“survival”。在农业革命中，土地和人口成为社会的核心竞争资源。第二次科技革命是工业革命，解决的问题是如何使人类变得更加强大，变得“stronger”。在工业革命时期，矿产和能源，比如钢铁、石油、煤炭，成为各国争夺的核心经济资源。现在，我们正处在第三次大的科技革命周期中，这次科技革命是信息革命，解决的问题是让人们变得更加智慧，即“smarter”。在这一轮科技革命中，数据和信息成为核心的经济资源。金融是建立在信心和信息基础上的特殊行业，这一轮信息革命对金融的影响尤其明显。

我们身处在大变革时代，不是一个简单的经济周期，而是涉及人类发展史的机制转换（Regime Switch），或者称为历史的跃迁（Historical Leap）。这是一个类似于当年古老的钱庄票号向现代银行业转变的时期。在这个阶段，金融业态、商业模式都发生着非常深刻的颠覆性转变。现在的时代背景大概有点类似于19世纪下半期到20世纪上半期，现代所谓的战略支柱产业，如石化、交通、电力、通信、航空等，都是在当时短短五六十年内集中迸发出来的，而在上一轮工业革命之前人类的传统产业，很多都已经被忘记。与此类似，今后100年的战略支柱产业也许会在当前这段时间里集中出现。

这种时代变革的特点表现在很多产业的迭代周期不断缩短，迭代速度不断加快，企业的兴亡周期也在不断加速。一个初创产业如果能够看准未来，踩准每一个风口，成为一个世界级的伟大企业只需要15~20年。但与此同时，一个国际型的企业如果总是对未来趋势判断错误，从世界大企业走到破产也只需要10~20年。我们每一个人、每一个企业都面临着巨大的挑战。作为创新企业的领导人要认识到，在一个跳跃阶段的时期，过去企业的资本资产规模、分支机构数量，都不再重要，未来真正的核心竞争力是对科技发展的洞见，是对未来趋势的准确把握。不论企业大小，现在大家都在一个平等的起跑线上，只有真正理解科技创新、运用科技创新的企业才会有未来。

二、把握住支付科技创新的真正目标

金融具有两个核心功能：第一个是跨空间分配资源，主要体现在货币支付这个维度；第二个是跨时间分配资源，主要体现在投融资、借贷等方式上。历史上尽管金融支付的方式在不断更新变化，但创新的目标始终没变，就是促进人类的商品交换。

人类为什么要有支付？从微观的经济学的角度上讲，每一个微观个体的效应函数（Utility Function）不一样，有些人喜欢羊毛、有些人喜欢红酒，如果两人互换羊毛和红酒，双方的效用都能够提升，这就创造了商品交换的需求。但是在人类文明早期，商品交换的交易成本非常高，信息不对称性很大。为了解决这样的难题，以支付和货币作为金融创新的方案产生了。金融支付在人类历史上的发展目标是不断扩大商品交换的地域范围和参与交易的人群范围。随着支付方式的创新，每个人对商品和服务的选择范围不断扩大，从而提升了全社会的福利边界。

我们现在说到“金融科技”（FinTech）都觉得是一个新词，事实上金融科技自古有之，而且中国在金融创新、科技创新方面经常走在世界前列。例如，历史上的冶金术就是金融创新，因为有了冶金术，世界才会出现金银币，商品交易才会从一个部落扩展到一个地区。造纸术也是金融创新。中国的唐朝就发明了世界上最早的官方汇兑体系——“飞钱”，把商品交换的地域从一个王国扩展到了一个王朝。后来，中国又发明了印刷术，因为中国有世界上最好的金融科技，所以诞生了世界上最早的纸币——交子，把商品交换推向新的高度。这些金融支付方式的不断创新让商品交换的效率和范围大大提升。大航海时代之后，人们希望在更大的范围内甚至全球进行商品交换，汇率制度应运而生。早期的银本位、后来的金本位、第二次世界大战之后布雷顿森林固定汇率体系，再到现在的牙买加浮动汇率体系，展现的是支付体系发展和不断演进的过程，这个过程使人类的商品交换实现全球化，社会福利生活水平大大提升。在这背后，非常重要的推动力是金融支付的创新和演进。从历史发展的经验总结来看，促进商品交换是金融支付创新的本源和目的，脱离了商品交换目标的金融创新都是伪创新。

三、移动支付创新是金融创新的一大步

人类通过支付方式创新，实现了商品交换的范围从一个部落扩大到一个地区，从一个王国扩大到全球。互联网支付、移动支付的发展，则把人类的商品交换从物理空间推广到了虚拟空间，又将虚拟空间与物理空间相结合。在传统的商品交换过程中，“距离”是非常重要的成本要素，而在移动支付、互联网支付和现代物流业发展的推动下，“距离”对商品交换的影响降低了，大大提升了商品交换的效率。

现在，人类金融支付的精准性和时效性大大加强，这些技术变化导致商品交换出

现了以下几个大的改变。

第一，人类社会的商品化程度大大加深，以前不属于商品化的活动变成了商业化的活动。例如，家庭内部的一些活动，子女、亲朋之间的互助活动被商业化，现在我们越来越多地依靠商业外包来完成叫餐、家政、看护服务。这些创新把未被利用的社会家庭资源转化为商业化活动和经济资源，大幅提升了社会经济总量和财富总量。起草一个商业计划书，通过支付的创新把它变成一种商业交易活动，可以使得中国的GDP再涨一两个百分点，这就是科技创新的力量。

第二，以前的商品交换由于支付手段比较落后，大体都是产权交换，历史上叫"一手交钱，一手交货"。现在，我们通过支付创新，可以准确衡量每一个个体使用这些资源和物品的准确时间和费用，并且可以进行精准的小额支付。商品交换已经从一个产权交换过程慢慢转变为使用权交换的过程，共享经济应势崛起。我们现在共享的很多都是耐用消费品，比如单车、汽车，未来还会有更多的生产设备可以共享，碎片化经营租赁将会成为时尚。现在的房产交易通常是购买产权或者房产租赁，但未来随着支付创新，我们拥有的也许不是对一幢具体房屋的产权，而是我们在全球各地居住某一类型房屋的权属证明，即商务房产使用权。这些支付创新的变化将会对人类经济活动和生活方式带来巨大影响，这也是我们将会预见的未来。

第三，支付效率提升导致社会商业分工进一步细化。大家可能都有这样的体验：很多小吃店的餐桌上都有支付二维码，大家扫一扫之后，可以在手机上完成点餐和埋单。以前这样的夫妻店，老板娘需要当会计，需要记账，现在都不再需要了。这样一种发展模式对顾客是有利的，也给老板娘带来便捷，但最得利的其实是后台数据的公司平台。将来，这些小吃店和服装店会逐渐演变成后台大数据公司的获客渠道和服务前台，而后台的会计财务服务和数据管理越来越集中化，成为社会小微商业机构的集中信息后台，从而在经济体系中占有绝对的垄断优势。

第四，支付数据正在成为客户信息和行为画像最主要的数据来源。在互联网时代，每一个人都是"透明人"，网络对一个人的了解可能会超越人们对自身的理解。我们不可能记得十几年前住过的所有酒店、点过的所有饮食，但网络可以对此进行完整的记录和分析，会变得"比你还懂你"。支付数据的采集分析一方面会降低社会的信息不对称性，提升资源的分配效率，另一方面也对个人隐私保护、防止数据滥用提出了严峻挑战。

四、在守住风险底线基础上鼓励创新

人类金融发展的历史表明，每一次金融创新都不会消除风险，甚至没有减少风险，反而在很大程度上放大了风险。在移动支付时代，金融支付的核心风险并没有减少，潜在的破坏力更大，核心风险主要包括以下几个方面：

第一，交易对手风险。在古老的易货贸易中，交易对手是个人，讲不讲诚信是关键。有了国家的金银币之后，交易对手就变成了国王，国王很多是不讲诚信的，古希腊时期的著名暴君执政时就出现过把希腊的银币1德拉克马收进来，盖上2德拉克马再还回去的荒谬案例。现代金融交易中，人们的交易对手变成了中央银行。有的国家的中央银行很守信用，有的不讲信用大量增发货币，引发了恶性通货膨胀。在移动互联网时代，更多的第三方支付机构进入市场，这其中蕴藏了大量的道德风险。与中央银行相比，这些机构可能会破产，可能会跑路，交易对手风险更大。

第二，操作风险。以前操作风险更多地体现在伪造金银和强盗的抢劫上，镖局就是防范金融操作风险的一种组织创新，所以我们在山西平遥看到镖局总是和票号同时出现。现在操作风险则更多地通过黑客攻击、系统中断等形式体现，这方面中国还没有经受过真正严峻的考验，但在未来我们无法保证这种情况不会发生。当数据成为核心经济资源后，支付过程数据泄露就成为新的风险，在这方面世界各国尚需进一步完善法规和管理制度。

除了传统的金融支付风险之外，历史上还有很多非传统的社会风险。例如，在支付创新过程中，有些技术人员常常会忘了创新的目的而沉迷于技术创新的自娱自乐，不断地把支付的技术推向极致，但其实这种创新对经济本身没有什么实际意义，反而会带来社会资源的消耗。对炼金术、永动机发明的追求正可以说明这一点。所以，我们在衡量金融支付创新时，一定要从它是否提高了实体经济的效率、是否提升了社会福利水平来判断它的价值。

五、关于支付创新未来发展的几点预测

第一，移动支付会逐渐演进成聚合支付，再演进成无感支付。移动支付正在迅速取代现金，成为商品支付的主要方式。下一步，超越银行账户和电子钱包的聚合支付将成为主导。在更远的未来，购买商品将不再需要手机和扫码设备，生物识别系统和智能商品交易系统将会执行和自动记录每一笔交易，支付成为真正“无感”的体验。

第二，电子货币向数字货币转变是大趋势。目前，电子货币只是简单的账户数量记录，而数字货币将会含有更丰富的信息。每一张货币诞生、交易、回收的生命过程都可以利用区块链技术完整记录，整个金融体系将会发生重大的变化，反洗钱变得轻而易举，但同时数字货币也会对货币发行制度和货币政策理论带来新的挑战，需要我们不断地去适应它。

第三，未来全球将会出现统一的货币。未来是人民币崛起，是美元继续主导，还是创立一个新的全球货币？这个议题虽然充满争议，但随着经济全球化的演进，货币统一的趋势不可阻挡。

第四，中国在这一轮支付竞争中具有巨大的机遇。现在我们有全球最大的市场、人口和交易数据。当数据成为核心经济资源后，中国就会像沙特拥有石油一样，拥有世界上最大的核心经济资源。但是我们要牢记教训，中国是世界上最早的纸币发行国，

北宋有交子，元朝有“中统钞”，明朝有“大明宝钞”，但是由于我们的风险配套制度没有跟上，导致后期反而被西方超越。这一轮金融支付创新，我们一定不能只在技术上单兵突破，而要在管理制度、整个法律环境上配套发展，这样才能够行稳致远。金融创新兴于技术，成于制度，这个道理我们一定要铭记。

（作者系北京金融控股集团党委书记、董事长）

数字货币的前世与今生

姚 前①

一提起数字货币，许多人会想到比特币，但实际上，并不是因为有了比特币才有数字货币，而是数字货币本身发展到一定阶段才出现比特币。比特币不是最早的数字货币，早在20世纪70年代末、80年代初就有学者在研究数字货币。数字货币技术的蓬勃发展与现代密码学的演进紧密相关，因此，要想准确理解以比特币为代表的虚拟货币，需要回溯四十年来现代密码学的发展历程。

本文从现代密码学的演进脉络追溯了数字货币的技术起源，剖析了数字现金设计的基本原理和创新思路，探讨了加密货币技术的优点、缺点及重点研究方向，并针对以比特币为代表的虚拟货币崛起，讨论了各国的监管应对，分析了当前央行数字货币的设计理念、技术监管和前沿焦点。

一、现代密码学的历史演进

密码学是研究编制密码和破译密码的技术科学。它以数学为基础，在加密和解密、攻击和防守、矛和盾的对抗过程中交替发展起来。从数学算法的角度看，它包含对称密码算法、非对称密码算法和杂凑算法。

（一）非对称密码算法开启新的现代密码学时代

顾名思义，对称密码算法与非对称密码算法紧密关联。何为对称密码算法？对称密码算法是指加密和解密共用一个密钥，也称单钥加密算法。在谍战片中，我们经常看见，敌我双方为了一个密码本，你争我抢，这个密码本就是对称加密体系里最重要的对称加密密钥。密钥丢失了，意味着信息隐秘参数或者加密参数出现重大的问题，机密将泄露。要想管理好密钥很难，有人会来偷或抢。在现代通讯的条件下，更是很难把密钥安全地管理起来或者分发出去。因为随着我们与外界的沟通范围的不断扩大，我们对事情的把控能力将会变得非常困难。在密钥的分发过程中，我们无法有效地防止被窃取或者被攻击，也不太容易去管理那么多的密钥。

比如，我和某人约定好一个对称密钥：我给他发的每个信号加1才是真正的信号。两两之间没有问题，可是如果我想大规模做这样的动作，和所有人进行对称加密传输

---

① 作者为中国证券登记结算公司总经理，曾任中国人民银行数字货币研究所所长，本文得到国家重点研发计划（批准号：2016YFB0800600）和SFI（上海新金融研究院）资助，仅代表个人学术观点，与所在机构无关。

的话，那么我就要和所有每个人约定一个特殊的密钥和特殊的方法。无疑，这是一个很大的挑战。

1976 年，Diffie（迪菲）和 Hellman（赫尔曼）① 提出了新的加密方法，他们将原来的一个密钥一分为二成一对密钥，一个密钥用于加密，一个密钥用于解密。加密密钥公开，称为公钥。解密密钥不能公开，唯独本人秘密持有，对别人保密，称为私钥。如果别人想给我发信息，他要用我的公钥对信息进行加密，而只有我的私钥才能解开，其他任何人都解不开。同样，我想给别人发消息，要用对方公开的加密密钥进行加密，而只有他手上有的那把私钥才能解开加密信息。这样我就不用和其他每个人约定对称密钥，很好地解决了单密钥体系下的密钥大规模分发的问题。由于加密密钥和解密密钥是完全不一样的一对密钥，所以这一思路被称为非对称加密思想。1978 年，Rivest（李维斯特）、Shamir（萨莫尔）和 Adleman（阿德曼）② 首次提出非对称加密的实现算法：著名的 RSA（三人姓氏开头字母拼在一起）密码算法。

非对称加密思想的提出以及 1978 年算法的实现，开启了真正的现代密码学时代。继 RSA 算法之后，各类非对称加密算法不断出现，比如椭圆曲线密码算法等。

（二）非对称密码算法的独特认证功能

非对称密码算法带来了原来对称密码算法不具备的功能，那就是非常独特的认证功能。比如，如果我想给别人发信息，我不仅用别人的公钥对报文进行加密，同时我还可用我的私钥进行签名，这样别人就可以用我的公钥进行验签，判定报文是不是我发给他的。认证功能的出现使信息加密传输形式发生革命性的变化：信息既可以加密，也可以签名，就像支票一样，让信息的加密传输有了主人的感觉。

基于加密签名的认证功能，我们可以构造出一个非常严密的信息传输体系。以邮件的加密传输流程为例。首先，我们都有一把对外公开的公钥，将其托管到一个服务器上，既然对外公开，那我们就不怕偷不怕抢，所有人都可以从服务器中得到别人的公钥，这样就建立起非对称公钥密码体系，或称公钥基础设施（Public Key Infrastructure，PKI）。然后，当进行加密邮件传输时，我们分别从公钥的服务器取出对方的公钥，我用对方的公钥对邮件加密，同时用自己的私钥对邮件签名。对方从托管服务器上拿到我的公钥，对我的私钥进行验签，以此证明收到的邮件是我发出去的邮件，同时他用自己的私钥对邮件进行解密阅读邮件。而其他人虽然可以验证这是我发出去的邮件，但无法解密阅读邮件。

（三）对称加密和非对称加密在实践中的混合使用

在对称加密体制，由于加密、解密使用同一个密码，所以加密速度比较快，保密

---

① Whitefield Diffie and Martin Hellman, New Directions in Cryptography. IEEE Transactions on Information Theory, 1976, 22 (6): 644 - 654. 813 6 A338

② Rivest R, Shamir A, Adleman L M. , a Method for Obtaining Digital Signatures and Public - key Cryptosystems, Communications of the ACM, 1978, 26 (2): 96 - 99.

程度也较高，但如前述所言，它最突出的问题是如何把密钥安全地送到收信方。如果有 N 个合作者，就需要有 N 个不同的密钥，整个密钥的分发和管理非常复杂，而且对称加密体系不具备签名的功能。

非对称加密的特点则在于，公钥是公开的，可以托管出去，但私钥是绝对不能泄露，否则，什么秘密都没了。公钥与私钥之间存在一个这样的数学关系：从私钥很容易推导出公钥，但想从公钥推出私钥，被认为是不可能的。当然，不是说绝对不可能，而是说从计算的复杂性看，很难去暴力破解，即便用世界上最强大的计算器去破解它，也可能需要 100 年、200 年，这对于攻击者而言，破解的时间成本和资源成本是不可承受的，相当于无法破解。

由于这是依靠计算的复杂性来阻挡攻击者对信息的破解，于是有人担心，假设有了量子计算机，计算的能力大大加强，是否会威胁非对称加密体系的安全。其实不用担心，密码学是在加密和解密、攻击和防守、矛和盾的对抗中不断演化的技术，不是说量子计算机出来以后就没有对抗了，攻击和破解能力强了，防守能力自然也会跟上去，有量子计算，也就会有抗量子密码。目前，无论美国、中国还是别的国家，都在研究抗量子密码，等到量子计算机出现的那一天，自然会有全新的方案应对。

在现实生活中，对称加密和非对称加密并不相互排斥，而是混合使用。以网银的应用为例，我们的私钥存在银行发给我们的 U 盾里，当我们把 U 盾插到电脑时，U 盾就会与银行的服务器进行交互，身份验证后，代表你身份的数字身份上线了，验明正身很容易，就是前述私钥的签名和验证。在随后交易的过程中，双方会约定一个交易会话的密钥，这个密钥则是对称加密密钥。为什么用对称加密密钥？因为它计算位数短，资源开销小，效率高，但为了保密，每次交易会话的密钥不一样，并采用非对称加密的方式进行传递，相当于密钥双方事先通过一个加密邮件，沟通一下使用什么对称密钥，然后无论汇款，还是买理财产品，都采用事先通过非对称加密方式传输的对称密钥来完成，这就是两种加密方式混合使用的很好例子。

（四）哈希算法

哈希算法也叫“安全散列函数”，又称信息摘要。众所周知，文章摘要是对文章内容的概况总结。看了文章摘要，我们就能理解文章的大部分意思。哈希算法也有这样的功能，它可以把任意的信息集，用非常简单的信息予以描述。它是一个特别的数学函数：给定输入很容易得到输出，但是从输出计算回输入不可行。这就像从全文得出摘要很容易，但要根据摘要把全文再重写一遍就不容易了。此外，哈希算法还有一个有意思的特性，只要信息发生稍微变化，摘要就变得完全不一样，这一特性非常有用。

在早期时候，通讯传输经常发生丢包和错包，信道要么不安全，要么出现各种信息散乱。那么，接收方怎么判断接收到的信息与发生方传送的信息是完整一致呢？一种办法是一遍一遍发，一遍一遍试，一次不行多发几次，但这样效率很低。而利用哈希函数则可以很好地解决这一难题。发送方发送信息时对原始报文做一个哈希运算，将运算出来的值一同放在原始报文后面，用来校验。接收方收到信息包后，也对原始报文做同样的哈希运算。根据哈希算法的特性，如果两个运算值是一样的，那么说明接收的信息和传送的信息完整一致；否则，说明丢包了，那么只要重发丢掉的信息包即可，就无须重复发送整条信息。

与对称加密和非对称加密不同，哈希函数是一种快速收敛的算法，从输入到输出的计算非常快，迅速收敛数值，无须耗费巨大的计算资源，而从输出倒推输入又几乎不可行。基于这样优秀的特性，哈希函数得到广泛的应用，我们习以为常的人民币冠字号码即是由哈希算法产生的。在数字货币领域，哈希算法更是得到广泛的应用。

二、数字现金原理

一直以来，密码学家有个想法，既然邮件能够加密、签名发送出去，那么手里的现金能不能像邮件一样，加个数字信封，进行加密和签名后，从一端发送到另外一端。这就是最早的数字现金思想的由来。随着现代密码学的发展，数字现金的技术实现逐渐成为可能，引起许多密码学家们的广泛兴趣。

（一）数字钱包与自主开户

理论上，数字现金的设计可以参照传统的两种支付方式：一种是纸质现金模式，将现金直接递给对方；另一种是银行存款支付或第三方支付模式的中介模式，比如支付宝支付，我们先把支付指令发出去，支付宝的后台接收到指令后，在支付宝的后台服务器上对我们账户上的资金余额计增计减，例如我发给张三，它就会计减我的账户多少钱，计增张三的账户多少钱，这样我的钱就到他那去了。

对于第二种支付方式，数字现金的研究者们认为，既然数字现金是现金，那么就不应再找一个中介来完成现金的支付，而是应该延续纸质现金的支付特点，直接把数字现金转给对方，也就是点对点支付。

为此，研究者们首先利用数字钱包来解决开户问题。有人说比特币门槛很高，但实质未必。若我们要使用支付宝，存在几个先决条件，要先开个支付宝账户，还得去商业银行开个账户，把钱存进去，然后把钱从商业银行账户转到支付宝账户，才能使用支付宝。而比特币不需要这样找其他人开户，下载一个比特币钱包软件，在本地安装完毕，开户也就完成了，不需要跑任何第三方请其帮忙开户，自己给自己开。在本地安装的时候，本地首先会根据电脑特有的参数信息随机生成私钥，私钥很重要，甚至得拿笔记下来。许多人电脑格式化了以后，比特币就没了。再重新产生的时候，电脑产生的私钥不同，将影响运算结果。得到私钥后，本地通过椭圆曲线密码算法导出公钥，公钥生成以后，再做两次哈希运算，然后做一个数据的编码整合，产生一个长位的数，这个数就是钱包地址，相当于商业银行的账号。

这在金融史上是一个非常重大的变化，我们所有的传统金融业务都是围绕着商业银行的账户开展的，而现在，私钥本地生成，非常隐秘，从中导出公钥，再变换出钱包地址，自己给自己开账户，不需要中介，这是数字货币体系和商业银行账户体系的根本不同。什么叫普惠金融？自己给自己开户算不算真正意义上的普惠金融？这是不是革命性的创新？这个差异非常重要，账户的内涵和外延因此扩展。从这个角度看，我的文章《数字货币和银行账户》，应该是业内第一篇探讨新型数字货币（新的账户体系？）和传统银行账户体系如何融合的论文。

那么，在没有中介的情况下，钱包和钱包之间怎么开展交易？首先转账方需要知道对方的钱包地址和公钥，用自己的私钥对转账报文进行签名并全网广播。全网收到转账信息后，验证这一转账报文是由哪个人发出，想传到哪个钱包地址，最终持有钱包地址私钥的人才能使用这笔资金，这就是比特币钱包和钱包运转的大概过程。

但挑战在于，怎么防止多重支付，即双花问题。在存在权威的中间人的情况下，双花问题很容易解决，因为有中间人的介入，一般不会发生多重支付，而当没有中间人，自己开账户，两两交易的时候，没有人判断是否发生双重支付。此时怎么办？比特币的创新设计就是由此切入的。

（二）比特币的创新设计：分布式共享账本与工作量证明机制

比特币创始人 Satoshi Nakamoto（中本聪）[①] 的思想很简单，既然没有中介，那么每个人都来当中介是否可行？就像证券市场信息的公开披露一样，一旦信息公开了，谁都可以验证。

对此，比特币提出一个创新设计：分布式共享账本。分布式共享账本是指每个人都有一个账本，一起共有、共享账本信息，且每个人都是中介，都能检测、验证账本信息。所有人都是中介也就意味着没有中介。不过，随之而来的问题是，每个人手上都有一本账本，意味着每个人都可以记账，而不同人记的账本肯定不一样，那么以谁为准呢？对此，中本聪又引入了一个创新设计，叫 PoW（Proof of Work，工作量证明机制），也就是我们通常所说的挖矿机制。

他提出，我们可以设计出一个数学题让大家解，谁有本事把这个数学题解了，谁就是记账人。这个数学题是什么呢？把当前账单跟前一个账单的哈希值合在一起，然后寻找一个随机数加进去，混合计算得到一个新的哈希值，谁先算出满足预设的特定条件的哈希值，并通过其他六个以上网络节点的验证，谁就挖矿成功，相应的账单就可以上链了。新的账单产生后，继续做新的计算竞争，周而复始，形成新的账单。解数学题的难点在于寻找符合预设条件的随机数，这是有难度的，且难度不断在增长，现在需要计算能力非常强的专门芯片才能计算得到。

通过以上设计，中本聪提出了一个全新的记账方法：每个人都可以参加，只要按照要求，达到这个游戏规则的设定目标，就可以获得记账权，成为新区块的记账人。对于成功获得记账权的矿工，系统自动奖励一定数目的比特币。奖励数目每四年减半，

---

① Nakamoto S, Bitcoin: a Peer－to－peer Electronic Cash System, 2008. https: //bitcoin. org/ bitcoin. pdf.

从2008年到2012年底，若矿工挖矿成功，系统奖励50个比特币，从2012年底到2016年底，系统奖励25个比特币，从2016年底到现在，系统奖励12.5个比特币。

由于比特币的账单是分布式共享账本，因此整个账本都是透明的，每个人都能查看。假设我拿到0.1个比特币，我可以从区块链上查看它的所有流通信息：从哪来，谁挖矿产生的，它曾流通到谁手里。因此，它一旦发生双重支付，每个人都能检测出来，由此解决了没有中间人的情况下如何防止双花的问题。

这与传统商业银行的运营截然不同。商业银行业务历来是一个不透明的黑盒子，只有作为中间人的商业银行可以知道所有交易，而交易者只能知晓与自己有关的交易信息，不过由于KYC（Know Your Customer）要求，交易者都必须实名。而在比特币体系，所有交易都是透明的，所有人都可以查看，但交易者的身份匿名。二者各具特色。

三、加密货币技术：未来价值互联网的基础

以比特币为代表的加密货币的底层支撑技术被称为区块链技术，一些人还把它叫作价值传递技术。我们平常在互联网传输的信息是可以更改的，而区块链技术传输的数据则号称不可更改，因为只要一个区块的数据发生变化，这个区块的哈希值就会发生变化，那么由于上下区块相连，上一个区块的变化意味着下一个区块的输入发生变化，于是下一个区块的哈希值也会发生变化。这就像人类的基因链，没法更改。所以说，区块链记录的是高价值的不让修改的数据，与我们平常所有的数据库存储理念完全不同。

（一）区块链技术的优点

一是难以篡改。除非掌握了50%以上的全网算力，才有可能篡改链上的数据。目前比特币的全节点将近1万个，遍布世界各地，在一定程度上系统是难以关停的。

二是自由开放。任何人都可以有竞争记账权或者加入某个矿池参与挖矿，只要挖矿成功，谁都可以获得奖励。这在传统的封闭信息系统中几乎是不可能的。比如某人买了一台计算能力很强的服务器，想加入到腾讯服务器，可能吗？不可能，腾讯服务器绝对不可能让其他人随便加入，参与它的系统运维。作为自由开放的体系，比特币欢迎任何人带着算力参与记账权竞争。从技术演进看，这是一个重大的进步。

三是数据高度可信任。数据的难以篡改和多方共同维护带来了数据的可信，可信的结果是我们可以基于这些可信数据，进行多方面的应用和交易。比如智能合约。实际上，智能合约是区块链数据上的应用小程序，在不能保障数据可信的情况下，这些应用小程序是无法运转的。应该说，区块链技术的出现使智能合约的应用真正变成可能。

（二）区块链技术的缺点及重点发展方向

一是性能问题。区块链技术的理念之一是分布式共享，但假设一万个或更多界面

都要共享数据的时候，速度就自然慢下来，效率不高。目前比特币的成交至少要等10分钟，有时候要等1个小时以上，这是许多人不能容忍的。业界正在研究如何应用其他共识机制和解决方案来提高性能。

二是个人隐私保护。如前述所言，比特币的整个账本是公开的，但如果有些人不愿意自己的资金交易被全网看到，尤其是大额交易，那么该如何处理？个人隐私保护成了区块链技术的一个研究热点，一些解决方案已经出现，比如零币。

三是安全问题。目前，智能合约还处于初级阶段，一旦有漏洞，就会被人攻击，出现重大的风险。怎么避免这些风险，也是区块链技术的一个重要研究方向。

四是跨链技术。现在有各种链：公链、联盟链和私有链。公链为大众服务，联盟链局限于一个联盟，私有链仅服务于某一个私人机构。从私有链、联盟链到公链是去中心化的过程，而从公链、联盟链到私有链，则是中心化的过程。在这些转变过程中，会出现各种不同的为私链、联盟链、公链服务的区块链产品。那么，当不同机构之间业务发生交互时，各自不同的链与链之间怎么交互，则成为很大的难题。跨链技术将是下一步区块链技术发展的重点。

五是去中心化资产交易。现在比特币的市值1000多亿美元，曾经一度达到3000亿美元。这么高市值的比特币，目前还没听说比特币的区块链发生很大的安全问题。真正的安全问题在于数字资产交易所。数字资产交易所开展的交易不基于区块链，是传统的中心化交易，因此客户须先在交易所去开户，然后把自己买卖的权利部分交给交易所。对于比特币的拥有者而言，权利的体现在于那把私钥，为了能够在交易所的系统上交易比特币，客户必须把自己的私钥托管给交易所，这样才能进行买卖。比如，假设你有一个比特币想卖掉，你得签名，假设你想去买，对方得知道你的钱包地址，因此，为了在交易所交易，你得把密钥先托管给交易所。所有问题都出在这个环节上，若有人攻击交易所系统，盗走私钥，也就盗走了客户钱包里的比特币，这是最重大的风险。从某种意义上来说，区块链本来就是为了去中心化，而比特币交易却又回到中心化交易，有悖于技术初衷。为了解决中心化交易的风险，业界提出基于区块链的资产交易方案，即去中心化资产交易模式，这正成为区块链技术的又一重点发展方向。

四、虚拟货币监管

比特币号称“币”，所以各国货币当局都在严肃思考：它是不是一种货币，怎么应对，怎么监管。目前逐渐形成的共识是，比特币的资产属性大于货币属性，依据来源于它的两个特性。

一是更多被用于炒作，而非支付。很少人真正用比特币去支付。因为比特币支付耗费的时间很长，若用比特币买杯咖啡，买的时候是热的，喝的时候可能就凉了。二是价格波动太大，每天都是上下几百美元的波动。货币本来就是一把尺子，是一个计算单位，若这个尺子每天变长变短，就无法正确度量商品的价格。目前比特币是一个不固定的测量单位，所以许多人认为它无法成为真正的货币。

比特币更多是一种数字资产。从某种意义上来说，有一时间段数字资产比其他资产的投资回报都要高，这也是为什么全球许多投资公司非常重视这一领域。目前，像比特币这样的虚拟货币，全球有几千种，而数字资产交易所却开了一万多家，可见这个领域的交易多么火爆，许多人觉得这个生意可以赚钱，因此冲进这个市场，也正因为如此，各国监管当局怎么管理它，就成了一个很重要的问题。

怎么管，首先涉及怎么定性，如果把它定义成货币，那就依照货币的管理办法。如果说它是一个资产，那就依照资产的管理办法。如果说它是一个商品，那就依照商品的管理办法。定性不同，决定了管理办法和部门的不同。

应该说，虚拟货币是一个全新的事物，各国的监管态度和争议颇大。目前看，将它归类为证券的可能性较大，但这也有一个过程，尚未有最后定论。在美国，目前监管虚拟货币的部门有两个：一是美国证监会；另一个是美国商品期货交易委员会，它把虚拟货币当作商品来看。到底是谁来管，美国监管部门正在加快确定。在金融这个领域，各国还是主要跟随美国的。一旦美国把虚拟货币定性了，全球就会向美国看齐。

目前我国把虚拟货币当成邮票一样的物品来管理的，且严禁以代币为融资标的融资活动，尤其是初始代币发行（Initial Coin Offerings，ICO）。数据显示，全球ICO融资总额正逐年上涨，主要发生地在美国。相比较，美国的ICO项目还是靠谱居多，而国内的ICO项目基本以骗子为主，99%项目不靠谱。就某种程度而言，我们的政策似乎有点一刀切，但有它的苦衷和合理之处。在我国，有一些不法分子钻空子、造假、搞金融欺诈和非法融资，严重损害投资者利益和金融秩序，因此应严加惩治。

五、央行数字货币

四十年来加密货币的不断发展，带来了当前全球性的大规模数字加密货币试验，这也使各个中央银行不得不严肃考虑一个问题：中央银行是不是也应该发行数字货币。

我国是最早研究央行数字货币的国家之一，在2014年就开始着手。研究央行数字货币首先须回答一个有意思的问题，什么叫央行数字货币。对此，各国目前还没有形成一个统一的共识，2018年，国际清算银行（Bank for International Settlements，BIS）的一篇报告[①]给出了一个比较有意思的定义，不过它不是正面回答这个问题，而使用了一种排除法来进行定义。它将目前存在的各类支付工具进行了汇总，然后判定哪些不是央行数字货币，一一排除后，剩下的就是央行数字货币。

它使用了四个维度的标准：是不是可以广泛获得、是不是数字形式、是不是中央银行发行的、是不是类似于比特币这种技术产生的代币。按照这四个维度，现金是可

① Committee on Payments and Market Infrastructures，Markets Committee，Central Bank Digital Currencies，March，2018.

以广泛获得的、非数字化的、中央银行发行的、以代币形式存在的货币。银行存款是可以广泛获得的、数字化的、非中央银行发行的、不是代币形式的货币。它们都不是央行数字货币。除了现金，中央银行发行的货币还有银行准备金，包括存款准备金、超额存款准备金。银行准备金已经数字化，但是 BIS 认为，这不是中央银行所要真正研究的央行数字货币。

一种可能的央行数字货币是，中央银行的账户向社会公众开放，允许社会公众像商业银行一样在中央银行开户。这个好理解，相当于中央银行开发了一个超级支付宝，面向所有的 C 端客户服务。BIS 认为这样形成的央行货币是央行数字货币，将其称为基于账户（Account）的央行数字货币，或称 CBDA（Central Bank Digital Account）。另一种可能的央行数字货币是中央银行以比特币这种技术发行的代币，可称为基于代币（Token）的央行数字货币，或称 CBCC（Central bank Cryptocurrency，CBCC）。这类货币既可以面向批发，也可以面向零售。基于账户还是基于代币，代表了两种不同的技术路线，哪种思路未来将占据主流，还有待观察。

在技术架构上，央行数字货币体系可分为两类：一元体系和二元体系。一元体系是指中央银行以类似于超级支付宝的方式直接为客户提供服务，但世界大多数中央银行并不认可这一方式，不愿意直接向公众提供央行数字货币服务，而是希望复用传统金融体系，与金融机构合作，将中央银行置于后端，前端的服务则交由金融机构提供。中国人民银行提出的二元体系即是这一思路，国际上称之为双重架构，这一思路正逐渐形成各国的共识。无论是一元体系还是二元体系，都是数字货币在金融体系内展开的思路，现在比较热的稳定代币，尤其是锚定法币的数字稳定代币，则是在传统金融体系之外，以增量的方式展开的思路。

当前，中国人民银行正在开展央行数字货币研发试验。由于第三方支付的异军突起，我国的账户体系走在全世界前列。但实际上，许多人认为，真正代表未来技术发展方向的央行数字货币应是基于加密货币技术的央行数字货币，即 CBCC，目前学界和业界均在积极开展 CBCC 模式的探索，许多人认为，CBCC 可以让客户真正自主管理自己的钱，而不是交给第三方，真正赋予了客户自由的权利。虽然尚不能肯定它一定就是将来的方向，但至少目前来看，这是最热的前沿焦点。

六、总结与展望

非对称密码体制解决了开放系统中密钥大规模分发的问题，不仅可以加密信息，还可以签名，开启了密码学的重大革命。哈希算法可以把一段交易信息转换成一个固定长度的字符串，且只要信息稍微发生变化，摘要就变得完全不一样，不可逆，可快速收敛，具有独特的优势。这些现代密码学技术的发展为数字货币的出现奠定了技术基础，而基于数字钱包、分布式共享账本和共识机制的比特币创新设计使数字货币技术实现了新的飞跃，引发了全球大规模的数字货币试验。各国在加强虚拟货币监管的同时，正加快央行数字货币的研发进程。

展望未来，数字货币的发展不仅需要来自实践的经验支撑，还需要多学科跨领域的理论指导，其中也包括法学，比如数字资产的法律界定、去中心化应用的法律规范、智能合约的法律效力、区块链技术的数据信息保护和法定数字货币相关立法等议题正亟须法学研究者们的真知灼见。

（作者系中国证券登记结算公司总经理）

第二篇　新场景　新应用

场景革命的新逻辑与投资成长

王忠民

一、互联网场景逻辑

2014 年习近平总书记在中央网络安全和信息化领导小组第一次会议上的讲话中提到，信息化和经济全球化相互促进，互联网已经融入社会生活的方方面面，深刻改变了人们的生产和生活方式。我国互联网和信息化工作取得了显著发展和巨大成就，网络已走入千家万户，网民数量世界第一，我国已成为网络大国。据中国互联网信息中心（CNNIC）发布的第 41 次《中国互联网络发展状况统计报告》统计，截至 2017 年 12 月，我国网民规模达 7.72 亿人，普及率达到 55.8%，超过全球平均水平（51.7%）4.1 个百分点，超过亚洲平均水平（46.7%）9.1 个百分点。在国家"互联网+"战略推动下，我国网民规模继续保持平稳增长，互联网模式不断创新、线上线下服务场景融合加速，为数字经济的蓬勃发展奠定了坚实的基础。

（一）互联网场景概述

在互联网时代，"场景"无处不在，特定的时间、地点、人物存在特定的场景关系，延伸到商业领域便会引发不同的消费市场需求。在市场经济时代，满足市场需求是企业生存发展的根基。在互联网/移动互联网时代，虚拟世界同现实世界通过网络交错融合，信息渗透无处不在，时间和空间限制被彻底打破，任何一个生活场景（吃、穿、住、行、用、购等）都有可能转化为实际消费场景。

场景化思维在互联网时代已经成为各行各业的重要思维，也是企业思考商业模式的重要能力。截至 2017 年 12 月，我国境内外上市互联网企业数量达到 102 家，总体市值为 8.97 万亿元人民币。其中以社交场景为内核的腾讯、以电商场景为核心的阿里巴巴和以搜索场景为驱动的百度三家公司的市值之和占总体市值的 73.9%，形成了基于互联网场景的"爆款"。

互联网场景的核心是以人为中心，基于互联网智能硬件的生活方式化场景和碎片化场景变成了一种易于分享、易于转化、易于评论的指数级增长能力。为迎合多元、动态、碎片的生活场景节奏，商家借势利用场景化思维，充分利用人们的碎片化时间，串联各种生活场景，最大限度地刺激和激发人们的消费欲望和潜力。商家同时需要根据不同消费场景分别设计营销策略，赋予市场不同的消费逻辑，增强消费者黏性，实现互联网场景价值的最大化。

（二）互联网场景应用

经过不断地创新发展，不少互联网企业借助于自身禀赋优势纷纷搭建了互联网平台，深度切入人们生活的多个场景，其中包括了电商场景、搜索场景、社交场景、支付场景、出行场景等，也形成了不同程度的场景壁垒，产生了不少万亿级市值的场景“爆款”。

1. 电商场景。在互联网时代，人们利用碎片化时间随时都能够实现场景的连接，当前通过场景触发的产品购买行为基本都是以电商的形式来完成的。阿里巴巴通过旗下淘宝网、天猫商城等电商服务平台打造了“爆款”电商场景，其月度活跃用户高达6.66亿人。

2. 搜索场景。随着移动互联网、移动智能设备等的发展，通过移动搜索场景化设计已成为当下互联网公司开始割据的一块阵地。百度公司依靠多年的用户原创积累（UGC），在领域内形成了大壁垒，包括百度地图、百度知道、百度糯米、百度外卖等，占据了搜索场景的制高点；而搜狗公司环抱微信生态圈的合作开放，还包含了搜狗地图、大众点评、58同城等自身产品和合作平台；神马搜索则依托阿里巴巴多年深耕的电商平台、高德地图、美团等。

3. 社交场景。场景化社交是一种“线上＋线下”融合式的社交体验。腾讯公司借助微信（月度活跃用户超过10亿人）和QQ两大社交流量入口，全面掌握了最为丰富的社交数据信息，树立社交场景巨头地位。此外，作为实时社交场景，以快手、斗鱼、熊猫直播等为代表的视频直播逐渐走向垂直化、细分化、专业化的发展道路，以满足不同类型用户的表达与社交诉求。

4. 支付场景。随着互联网支付业态的创新发展，我国已形成了以微信、支付宝为核心的两大第三方支付场景。我国移动支付用户规模持续扩大，用户使用习惯进一步巩固，网民在线下消费使用手机网上支付比例由2016年底的50.3%提升至65.5%，线下支付加速向农村地区渗透，农村地区网民使用线下支付的比例已由2016年底的31.7%提升至47.1%；我国购买互联网理财产品的网民规模达到1.29亿人，同比增长30.2%，货币基金在线理财规模保持高速增长，同时，P2P行业政策的密集出台与强监管举措推动着行业走向规范化发展道路。

5. 出行场景。在共享理念的推动下，人们日常的出行方式发生了巨大的变化，“互联网＋出行”变得更加智能、便捷、环保。以汽车出行为例，滴滴出行打造了包括快车、顺风车、礼橙专车、代驾等出行场景。同时，以摩拜、ofo为代表的共享单车纷纷打造了共享出行场景，共享单车用户规模已突破2亿人。

（三）互联网场景延展

当一个互联网场景形成“爆款”后，其必将会颠覆某个或某几个传统产业业态，并得以延展，延展主要从综合化延展和细分化延展两个方面展开。

1. 综合化延展

综合化延展是指场景革命实现综合化经营的发展思路。以电商场景为例，场景延伸可以通过不断地丰富电商平台的产品序列，提供更多的内容服务，增强电商场景黏性，从而吸引更多的用户在场景中产生实际消费行为实现。采用场景革命的这样一个延伸逻辑，可以使出行、住宿、购物、娱乐等都能够在这样一个综合化的电商场景当中基于互联网发生场景的深度变化。

2. 细分化延展

与综合化延展路径不同的是，细分化延展则主要是基于数字化场景，从原来的综合场景当中延展出来，专注于某一细分场景做深做透，更精准地挖掘和服务潜在用户需求。

以蚂蚁金服为例，公司借助前期电商场景所积累的数字化场景资源，围绕长尾用户碎片化的金融需求陆续推出支付宝、余额宝、花呗、借呗、芝麻信用等产品，从原有的电商场景当中切换出来，用金融科技手段服务了传统金融机构未能充分覆盖的长尾用户，形成了金融生活细分场景。通过这种延展路径逻辑，金融科技原有的机构可以被迅速替代。

二、物联网场景新逻辑

在5G、传感技术、视频识别技术、边缘计算和嵌入式设备技术等核心技术的迭代升级中，作为对互联网功能的延伸，物联网不断向物理世界进行延展，使得人与物、物与物、人与人之间的信息交互日益频繁，形成了“人、物、网”三维立体网络空间，并在日常生产和生活场景中得以广泛创新运用。

（一）物联网场景概述

物联网的商业化运用将为场景革命带来新的逻辑。这一新逻辑的起点则在于万物互联。与互联网场景截然不同的是，物联网场景可以将万事万物连接起来。物联网场景是借助于物联网功能硬件、配套软件及强大算力等，链接到人与人、人与物、物与物的生产、生活场景当中，形成的人与人、人与物、物与物相连的商业价值创造过程。

以生产场景为例，物联网可以实现生产型企业在采购、生产、加工、销售等全流程场景立体式感知，对企业动产存货实现识别、定位、跟踪、监控等系统化、智能化管理，通过物联网得到的用户的采购状况、原料库存、生产过程、成品积压、销售情况、消费行为等真实场景，后台大数据能更准确地把握客户的生产经营行为。

物联网场景的核心是以物为中心，将物联网智能硬件和软件技术应用于人们生产生活当中所有涉及物的流通变化全过程，从而感知和记录人们生产生活场景中的真实动态的实时变化过程。企业通过物联网智能系统所感知到的数据信息对用户实现精准分析和需求判断，从而更好地服务用户并创造更大价值。

（二）物联网场景应用

1. 物流场景。在电商行业的助推下，物流行业呈现出高速发展态势。而物联网相关技术在物流领域的应用最具现实意义。通过物联网的场景布局，会进一步提升物流智能化、信息化和自动化水平，推动物流功能整合，对物流服务的采购、生产、运输、仓储、配送及销售等环节的都将产生积极影响。

2. 智慧农业场景。随着新技术在农业领域的不断尝试和运用，农业生产开始向智慧化方向突破。如在农业标准化生产监测方面，通过物联网传感设备技术可以实时采集农业生产中最关键的温度、湿度、含水率等数据信息，实时掌握农业生产的各种数据。在养殖业的动物标识溯源方面，通过各环节一体化物联全程监控，实现动物养殖、防疫、检疫和监督的有效结合，并对动物疫情和动物产品的安全事件进行快速、准确的溯源和处理。

3. 智能医疗场景。当前，医疗资源的供求矛盾日益突出，看病难、看病贵的问题较为突出。随着物联网技术在医疗领域的应用，远程诊断和机器看病成为现实，医疗信息的联网使得病情诊断更准确、更客观，人们医疗需求的时间和费用成本降低，同时增加了医疗资源的供给和释放。

4. 车联网场景。随着自动驾驶、无人驾驶技术的不断成熟落地，智能化车联网时代已经到来。在车联网场景中，智能交通、无人驾驶、智慧停车、各种车载传感器应用都离不开物联网、人工智能、传感器、自动控制等技术。智能交通领域将产生多个细分化的物联网运用场景，带来新的商业机会。

5. 智能穿戴场景。随着智能穿戴设备硬件不断迭代升级，智能手环手表、智能眼镜、智能衣服、智能鞋等穿戴产品不断丰富。这些智能穿戴设备通过蓝牙连接手机，数据通过智能穿戴设备上的传感器传输到手机，再由手机传输服务器。智能穿戴场景可以实时监测人们出行行为数据、加快状况数据等，形成新的市场应用价值。

（三）物联网场景的优越性

与互联网场景相比，物联网场景表现出了质的优越性，其主要体现在以下几个方面：

其一，互联网场景连接的是人，而物联网场景则可连接万事万物，场景的范畴和对象将呈几何级数增长。物联网场景将涵盖全社会所有生产生活场景，特别是实体产业的商品采购、生产、销售等全流程场景，并形成数据化的信息。

其二，互联网场景所形成的数据信息反映并包含了人的主观性信息特征，存在不同程度的水分或扭曲，需要通过不断的清洗、处理，并要用最优的算法才可以找到最优的结果。而物联网场景是人类在所有物品的基础上，再次折叠了一个高维度。这个高维度所聚集的数字信息、数字结构将比原来所有基于数字和不基于数字的场景都更有优势。物联网场景所生成的数据信息完全反映的是物的客观性信息特征，不存在被修饰、被掩盖的成分，数据源的真实性、客观性、准确性可以得到保障，这样更有利于对物联网场景数据直接进行分析使用，并能够得到真实有用的分析结果，并指导生产生活实践。

其三，互联网场景存在先天的局限性。互联网的这种点对点模式存在可篡改、可扭曲的诟病，这也是区块链技术在互联网场景中运用和推广仍受掣肘的重要原因。而基于物联网的点对点模式，借助于区块链逻辑可以将价值、信用、信息实现不可篡改、不可扭曲，这样的系统具有更大的应用价值。以物联网金融为例，如果能够把所有的企业链以物为载体，基于物当中的每一个部件、每一个工艺流程、每一个流通环节，然后把金融的信用、支付、借贷、证券化、风险都基于物的链条上，原有的金融机构、金融逻辑、操作系统将不再适应于物联网场景链条，只有基于物联网场景的运行才能产生和创造新的市场价值，才能不被市场淘汰出局。

三、场景革命背景下的投资成长

在物联网场景革命的推动下，应树立新的投资思维逻辑。基于物联网场景，万物互联，所有数据自带结构，无须清洗，这将是效率最高的状态。那么，在未来物联网场景投资机会中，所有物联网场景所依赖的新技术，将是重要的投资成长方向。

以聚量集团在物联网金融领域的创新实践为例，聚量集团在国内收购了日海智能科技股份有限公司，将其改造成物联网云端服务公司；同时收购了在英国上市的通信模组公司，这家公司掌握了全球模组出货量 50% 以上的通信数据；并在硅谷收购了物联网企业爱乐云。聚量集团搭建了易融星空平台，主要服务“一带一路”货物贸易场景，致力于解决四个问题：一是解决贸易企业融资难、融资贵问题，通过全程控货技术，易融星空使在途动产具备金融属性；二是提升中欧班列货物财产险的覆盖面，降低企业投保成本；三是提升人民币跨境结算交易量；四是降低企业综合成本，实现货物贸易中的共享经济。

随着物联网技术的不断成熟运用，基于互联网场景的投资机会已经到了头部阶段并开始下行，而基于物联网场景的投资机会一定是围绕物联网技术的实业投资，新的物联网场景的“爆款”将基于物联网的产业链条、云计算、数字大世界而产生。

如果今天看到的这样一种新的场景革命，这样一种新的数据革命，这样一种新的云和端之间的物、链之间的关系，中国的新供给，中国的供给侧，中国的新成长，只要基于它，就是成长，就是发展。

（作者系全国社会保障基金理事会原副理事长）

货币奥秘与金融魔力

王永利

货币的产生和发展以及以货币为灵魂与核心的金融活动和金融体系，乃至国际货币和金融体系的发展与创新，绵延数千年仍生生不息、日益繁荣，绝对是人类社会的一大奇迹。货币金融的发展，既对经济社会发展发挥着极其重要的推动作用，是现代经济的核心、国家重要的核心竞争力，但又经常引发严重的货币金融危机，造成经济社会剧烈动荡和政府更替，产生巨大的破坏力，货币金融可谓充满神秘和魔力。全球化以及信息科技等方面的发展，货币金融仍在加快发展变化。2008 年国际金融危机爆发后，虽然经主要经济体联合采取力度空前的救市运动后，危机得以缓解，经济有所复苏，但积累的问题更加严重，十年后面临的风险挑战更加严峻。如何准确看待和把握货币金融发展的方向，如何在推动货币金融创新的同时避免发生根本性、颠覆式的错误，如何准确判断和有效应对可能的金融风险和危机，仍然是当前必须高度关注的重大课题。而在这一过程中，比特币等网络"加密货币"的出现和不断升温，现在已经产生巨大的国际影响，很多人都相信这种网络"加密货币"将颠覆法定货币体系，其应用的"区块链"技术将引发第四次工业革命，将成为信用的机器、价值互联网，将对经济社会产生巨大影响。这些情况的出现，使得人们对什么是货币，如何看待当前的货币金融形势，如何应对可能的风险或危机等出现巨大的认识偏差，特别需要准确把握货币的奥秘与逻辑，有效掌控金融的魔力与玄机，更好地发挥其积极作用，遏制其可能的破坏作用。

一、《世界金融大变局下的中国选择》一书的重要观点

我的这本书不是一本单纯的教科书。本书立足于分析和解决当前货币金融领域出现的焦点或热点问题，通过对货币金融发展历程的简要梳理，着重把握其发展变化的逻辑与规律，破解认识上存在的误解与偏差，消除似是而非或脱离实际的看法，紧紧围绕国际国内宏观形势和发展阶段的特点与要求，探索货币金融的本质、新时代中国货币金融发展战略以及货币金融未来发展的方向，由此提出了很多重要的创新观点。

（一）特别强调"实物货币"与"信用货币""有形货币"与"无形货币"的划分

传统上，关于货币的发展阶段，人们习惯性地划分为初始的商品实物货币阶段、

规制化的金属货币阶段、金属本位制下的纸币阶段、废除金属本位制（货币脱金）的信用货币阶段等，但对货币脱金后转化成为非实物的“信用货币”，其变化的逻辑以及带来的深刻变化却缺乏足够的认知和把握。

其实，货币脱金转化为信用货币，是货币发展史上极其重要的裂变，是理解当今社会货币运行最重要的节点。书中对此做了深入探讨。

在此基础上，对货币进一步归类，还可以划分出“有形货币”与“无形货币”两大阶段：

有形货币是指具有一定的实物形态，可以直接用于支付交割的现金类货币，包括商品实物货币、金属货币、纸币等。

无形货币是指没有实物形态，而是以货币数量表示，具有一定信息载体、通过转账清算支付的非现金类货币，如银行存款、电子货币、数字货币等。

货币从有形货币迈向无形货币是必然趋势，并在不断加快发展。无形货币的运行是建立在记账清算体系上的，具体的信息载体、信息通道、清算方式等也在不断变化，准确认知记账清算与无形货币，对准确把握货币金融发展方向及其可能带来的深刻变化至关重要。

（二）特别强调记账清算对货币金融的深刻影响

清算方式是货币金融运行非常重要的组成部分和影响因素，但由于种种原因，清算方式对货币金融的影响一直没有得到应有的重视和准确把握。

作者在货币金融领域首次提出，货币的收付清算由现金清算向记账清算转化，是货币金融发展史上极其重要的转折点，推动货币金融发生了划时代的深刻变化，并由此在全球范围内率先提出了若干新的概念和观点：

记账清算推动货币由有形货币转化为无形货币。

推动货币流动由“货币现金”流动，转变为“货币所有权”的流动，并通过清算中介机构进行相关方债权债务的记录和资金清算（货币跨境流动，实际上是货币所有权的流动，而不是货币现金的流动，从一开始就表现为跨境的债权债务的变化）。

“外汇储备只能用出去，不能拿回来”，由此形成“外汇储备倍增流动性”的机理。

记账清算有利于缓解贸易失衡产生的货币失衡问题，缓和由此可能产生的国际矛盾。

人民币“走出去”，应该鼓励记账清算，而不是现金“走出去”（实际上应该限制现金“走出去”）。因此，全球人民币清算和交易总中心应该在中国内地，而不是离岸。

应该加快中国国际金融中心建设，并在大宗商品和金融交易中积极推动以人民币计价和清算，进而有效增强中国货币和金融的国际影响力。

记账清算推动货币转化为资本或资金，并赋予特殊的权利义务，进而推动货币金融越来越脱离实体经济，形成“虚拟经济”而独立运行，从主要是货币收付向资金融通、金融交易发展，形成了金融发展的三大阶段——货币金融、资本金融、交易金融，推动金融发挥越来越大的作用，当然，金融风险也随之越来越突出。

清算方式与货币金融密切相关：金融是现代经济的核心、资源配置的枢纽，货币是金融的灵魂与核心，清算则是货币金融的血脉与经络。准确认知记账清算原理，对准确理解和把握外汇储备管理与推进人民币国际化具有非常重要的现实意义。

（三）强调货币金融的发展离不开经济社会制度与文化基础

货币金融制度是经济社会制度的重要组成部分。

中国自秦始皇实现统一诸国，并推动文字、度量衡、货币等诸多方面的大统一之后，一旦中央政府需要大量货币投入，政府无须向社会融资，最简便的方法就是征收税负或扩大货币发行。中国的货币体系相对发达，并且从 12 世纪开始在世界上率先推出了纸币，但体现权利义务关系的股票、债券等金融产品和体系则严重落后。而欧洲由于长时间小国林立、相互独立，但又存在密切的经贸往来关系，在一个国家需要大量货币投入时，难以通过扩大货币印制来解决，而只能面向社会，包括向其他国家进行融资，相应地，催生其股票、债券、年金及其衍生品交易与相关技术的产生和发展，推动其率先进入现代企业和金融发展阶段。

可见，货币金融体系和制度的演变受到经济社会制度和文化的深刻影响，货币金融制度是经济社会制度的重要组成部分，脱离经济社会制度和文化传统基础盲目照搬他国货币金融制度，或者完全放弃对货币金融的自主控制，都可能产生新的社会矛盾和危机隐患。

也正因为如此，要解释清楚中国自改革开放以来货币金融发生巨大变化的奥秘，必须紧紧联系中国改革开放的大背景，脱离这一背景单独就金融讲金融，是不可能解释清楚的。要准确把握国际金融危机的根源和走势，也必须放在全球化大背景下和上百年的历史进程中才能做到。

（四）强调货币发展演变的逻辑与规律

货币从初始的商品实物货币发展到规制化的金属货币，再到金属本位制的纸币，再到废除金属本位制的信用货币，不断演进的基本逻辑是：

人们越来越认识到，货币可能发挥的功能作用很多，但最根本最基础的功能是“价值尺度”，是为交换交易服务的。而要发挥好价值尺度的功能，就必须努力保持货币币值的相对稳定，否则，如果货币币值剧烈波动，价值尺度就会失效，货币整体功能的发挥、经济金融乃至整个社会发展稳定都将受到严重冲击。

要保持货币币值的基本稳定，理论上就需要保证一国货币总量与在该国主权范围内受到法律保护的、可货币化的社会财富的总规模相对应，进而保持社会（消费）物价总指数（CPI）的相对稳定，需要对货币投放和货币总量进行有效调控，因而形成了货币政策并成为现代国家重要的宏观调控政策工具。其中，通货膨胀率（物价总指数波动率）成为世界各国货币政策的中介目标。

这样，货币需要从社会财富中完全脱离出来，转变成为社会财富的价值表征物、对应物。只有这样，才能保证货币总量与财富规模的对应，并保持货币币值的相对稳定。

相应地，黄金、白银等曾经作为货币的贵金属，就必须回归其社会财富的本源，完全退出货币舞台，不可能再退回去重新担当货币。货币本身不再是实实在在的财富，而完全转变成为价值符号，成为一种纯粹的信用货币，这是货币发展史上极为重要的裂变。

一国货币只能以该国主权范围内能够受到法律保护的社会财富作为对应，而不能以他国的社会财富作为对应，除非他国法律许可。因此，货币必然上升为国家“主权货币”或“法定货币”。

由此，哈耶克“货币的非国家化”的设想，以及在国家难以消除的情况下，有关“超主权世界货币”的设想，都难以实现；比特币等高度模仿黄金原理设计的网络“加密货币”，违反了货币发展演变的逻辑和规律，难以成为真正的流通货币，只能是在特定的网络社区或商圈运行的专用币和虚拟币，不可能颠覆和取代国家主权货币或法定货币。

（五）强调信用货币的投放需要严格的管理和约束

放弃金属本位后，货币成为可以人为调控总量的信用货币，推动货币政策成为宏观调控两大政策工具之一，货币金融发挥出更大的作用和影响力。这是货币发展的巨大进步，但也由于失去金属本位的约束，多种因素非常容易引发货币超发滥发，产生严重的负面影响。因此，必须建立健全严密的货币管理体系和规章制度。其中包括中央银行与商业银行的职责划分，中央银行的独立性保护，货币政策中介目标的确定和执行，商业银行的经营监管等。

货币管理体系和规章制度健全有效，是维护一个国家货币金融品质和国际影响力的重要保证。为此，需要清晰地把握中央银行基础货币投放的途径和方式，派生货币与货币乘数控制的方式与工具，明确严格控制中央银行直接面向社会提供贷款等信用投放，打破由中央银行支持的金融机构“刚性兑付”与商业银行隐性保护形成的“大而不能倒”的必要性等，有诸多问题需要准确认知和有效把控。

书中提出了不少不同于传统经典货币理论的新观点、新看法。

（六）紧紧围绕改革开放发展历程，探索同期中国货币扩张与金融稳定之谜

1978年末我国货币总量为1159亿元，1999年末达到11.76万亿元，2017年末为167.68万亿元，相当于1999年末的14倍、1978年末的1447倍，这在主要经济体中是极其罕见的。在货币剧烈扩张的情况下，中国金融和经济社会还能保持基本稳定，同样属于奇迹，充满神奇。

要探析这一奇迹，需要把握新中国成立以来中国发展的“30年阶段论”及其发展趋势与规律：

1949—1979年，中国由经济高速增长转变为濒临崩溃，最终启动改革开放。

1979—2009年，中国深化改革开放，由濒临崩溃发展成为世界第二大经济体。

2009—2039 年，保持相对较快发展，中国完全可能超越美国成为世界第一大经济体。

2039—2069 年，中国有可能成为综合国力和国际影响力世界领先的现代化强国。

同时，还需要深入把握改革开放以来的“十年周期性”：

1979—1989 年，开启改革开放，但充满争议和矛盾，最后爆发重大政治风潮，改革发展面临巨大挑战。

1989—1999 年，柏林墙被推倒、东欧剧变、苏联解体，中国由激烈争论到趋于冷静，发展是第一要务、稳定压倒一切成为主流，1993 年经济加快发展，货币金融加快扩张，但风险也随之快速积累。1997 年东南亚金融危机、1998 年南方大水，经济明显下行，风险集中暴露，1998 年下半年至 1999 年再次遇到严峻挑战。

1999—2009 年，中国全面深化住房、教育、医疗体制“三大改革”，资源变资本、资本加杠杆，推动经济明显升温，为加入世界贸易组织（WTO）奠定了重要基础；2001 年 12 月中国加入 WTO，进一步深化改革开放，吸引大量国际资本和产能流入，发展速度明显提升，深刻融入国际化大潮。2008 年 9 月遭遇国际金融危机，中国再次面临巨大冲击。

2009—2019 年，中国及时调整宏观政策，在危机后率先止跌回升，综合国力和国际影响力快速上升，中国的崛起正在推动世界格局发生深刻变化，但中国积累的问题也更加严重。2012 年中国经济开始下行，很多矛盾集中暴露，2017 年党的十九大明确了新时代、新思想、新方略，极大地坚定了全国人民的自信心和凝聚力，但也引发国际社会的极大关注，特别是美国的极端反抗，国际矛盾异常严峻。当前，中国经济已进入换挡转型非常关键的调整期、探索期，防范化解重大风险，特别是金融系统性风险已经成为国家三大攻坚战之首。

尽管当前面临巨大挑战，但放在世界主要经济体中去看，中国仍处在工业化、城市化、信息化发展过程之中，改革发展仍有很大调整空间，结合新中国成立以来 30 年的发展阶段性来看，中国仍是机遇大于挑战，前景无限光明。

正是在国家坚持实事求是、改革开放、稳中求进的背景下，中国货币金融才能保持基本稳定，没有发生重大震荡和严重危机，但这并不代表就没有危机隐患。面临更加复杂严峻的国际国内宏观形势，我们必须认真总结经验教训，做好应对更大挑战的充分准备。

（七）从基础货币投放的角度，系统阐述中央银行（国家）外汇储备的相关问题

中央银行购买外汇，形成中央银行（国家）外汇储备。我国的外汇储备从 1978 年末的 1.67 亿美元，1980 年末的 -12.96 亿美元，增长到 2014 年 6 月末的近 4 万亿美元，再到 2016 年末下降到 3 万亿美元并基本上延续至今，引发中央银行外汇占款（基础货币）的大幅变化，成为我国改革开放以来，影响货币投放最重要的因素，也是研究中国货币金融必须高度关注的重要课题。

在1994年中央银行外汇储备突破500亿美元后，对外汇储备快速增长一直充满争议，对此，必须有客观分析和明确态度。书中提出：

国家外汇储备并不存在严格的合理标准，所谓外汇储备合理标准可能是个伪命题；

中央银行外汇储备增加，基础货币扩张，并不代表货币总量就一定会同比例扩张，完全可以通过压缩货币乘数合理控制货币总量；

只要不是依靠外债增加的，中央银行外汇储备的规模是抵御外部冲击、增强国际影响力的重要保证，可以说多多益善；

应对外汇储备大规模扩张或收缩，必须有良好有效的应对机制，中国在这方面已经积累了宝贵经验，但仍需要加强货币政策与财政政策的协调、加强中央银行法定存款准备金率的调整与中央银行对存款性机构资金拆借的协调（降准不应成为货币政策禁区，需要从货币供应的源头上加强资金供给侧结构性改革）、加强法定存款准备金制度与存款保险制度的协调；

需要改进和加强中央银行外汇储备反映和监督，如实反映中央银行外汇占款与外汇储备货币投放情况，以及中央银行外汇储备的运用及其损益情况，建立国家外汇储备向国务院、全国人大定期汇报制度与合适的公开披露制度。

（八）强调必须高度重视新时代国家金融战略的规划和实施

2007年美国爆发次贷危机和随后爆发国际金融危机，中国积极应对其带来的冲击，促进金融创新，包括资产管理和银行理财、互联网金融和金融科技的发展等，迄今十多年来，整个国家金融改革发展的规划明显滞后。

党的十九大已经提出，到21世纪中叶，要分两步走，实现国家综合国力和国际影响力领先，成为社会主义现代化强国的战略目标，并将防范化解重大风险，特别是金融系统性风险列为当前三大攻坚战之首，这就要求作为国家重要核心竞争力、国家安全重要组成部分的金融，必须切实加强加快推进国家金融战略的规划和实施。

书中在这方面提出了不少建设性意见：

围绕增强中国金融活力与综合实力，要完善多层次金融运营体系和治理体系，促进金融创新发展，着力建设现代金融体系；

围绕增强金融的国际影响力，着力推进国际金融中心建设和人民币国际化发展，积极参与国际货币金融体系，在规则制定和有效落实方面发挥积极作用；

必须把所有金融业务、金融体系放在一起，全面分析、统筹把握中国金融的现状、存在的突出问题及其与国家战略目标的差距，重新梳理和科学规划金融底层架构和上层组织体系，尽快形成国家金融战略规划或金融改革开放指导意见，切实推动深化金融改革、扩大金融开放；

要进一步改进和加强金融重要指标核算与统计的科学性、准确性、完整性。

（九）高度重视互联网发展对货币金融的影响

互联网及其相关技术的发展正在对人类社会产生极其深刻的影响。未来有可能实现信息互联网、计算机互联网、实物互联网的交融发展。这也必将对货币金融产生深刻影响，必须高度重视。对互联网金融、金融科技等，既要积极探索有效利用，又要保持理性避免重大错误。

要理性看待区块链、数字货币，深入探索网络加密“数字货币”能否成为真正的货币，如何准确定位与有效监管，以及如何准确把握与有效利用区块链技术。

实际上，比特币这类模仿黄金，总量和阶段性产量提前设定、不可调节的网络加密“数字货币”，违反了货币发展的逻辑与规律，不可能成为真正的货币，而只能是网络社区和商圈的专用币（社区币或商圈币）；网络社区可以有自己专用的身份识别信息和网络专用币，日常运行时可以不必逐笔交易都验证法定的身份信息和运行法定货币，从而提高效率、降低成本，但一旦其与法定货币产生兑换，则必须符合金融监管的相关要求，并严格限定专用币的使用范围；区块链目前仍处于初创期、探索期，面临“去中心、高效能与安全性”不可兼得的“不可能三角关系”，不可盲目夸大、轻言颠覆，不应聚焦于挖矿造币、资本炒作和社会集资，而应该注重于解决现实世界的实际问题，具体应用应该跳出挖矿造币完全封闭的比特币区块链范式；中央银行主导的数字货币（法定数字货币）更不可能是像比特币一样需要挖矿产生的全新的货币体系，而只能是法定货币的数字化、智能化。

书中还对互联网金融、金融科技的发展进行探析，提出互联网金融发展方向、重点领域、金融机构应对策略等。

（十）对世界剧变的国际货币体系进行探索

全球化发展，特别是中国的崛起，推动世界格局深刻变化，国际金融危机爆发后全球化进程已经进入由量变到质变的关键时期，经济全球化、社会信息化、世界多极化、文化多样化成为必然趋势和现实结果。这也推动国际货币金融体系，特别是促使国际货币基金组织（IMF）的变革迎来重大历史机遇期，必须抓住机遇，加快推进其深刻变革。

但是，在相当长的时间内，比较现实的选择并不是急于打造超主权的新世界货币，而是在维持国家主权货币相互竞争、优胜劣汰，形成国际货币体系的基本格局下，顺应世界多极化发展潮流，深刻变革乃至重新建立国际货币基金组织的体制机制，增强其基金规模和实际的调控能力。

人民币国际化，也不要寄希望能够很快取代美元的国际中心货币地位，在未来世界多极化格局下，很难再出现像第二次世界大战结束时美元独统天下、遥遥领先的局面，国际货币最有可能出现的是多元化，比如，美元、人民币、欧元“三足鼎立”的格局。

二、《世界金融大变局下的中国选择》一书的形成背景

本书作者 1987 年 7 月在中国人民大学财会专业研究生毕业后留校任教，1989 年 5 月入职中国银行总行财会部制度处，2003 年开始主持该处全面工作，主要负责中国银

行各项业务会计核算手续制定、各类会计报表（包括外汇买卖日报）编制和分析、年报编制与接受评级考察等，由此全面了解银行各项业务的基本流程、重要环节，前中后台的构成和相互联系，以及主要业务和全行经营的基本结果。特别是在 1994 年以前，整个中国的外汇兑换及外汇金融业务、海外金融业务，包括境外对中国的政府协议贷款、商业贷款和混合贷款（“三贷”），到境外发债等全部集中在中国银行办理，这为作者全面深入地了解银行业务（特别是外汇和跨境业务）和经营管理提供了极其难得的条件。作者亲自参与了 1993 年中国财会制度改革、1994 年外汇体制改革、1995 年专业银行向商业银行转换等在中国银行实施方案的制订工作。1999 年开始主持中国银行综合能力最集中的管理部门——资产负债管理部的全面工作，包括宏观经济和金融市场分析、中长期发展规划与机构设置管理、年度预算的制定和季度分析与调整、流动性管理与利率管理、统计和数据管理、年度报告的编制与披露、接待评级公司考察等，进一步开阔了视野，增加了对宏观问题、货币金融、外汇管理、国际市场、风险控制等方面的关注。

1999 年 11 月至 2003 年 11 月，作者先后担任中国银行福建省分行和河北省分行的主要领导，这些经历丰富了自身的实践经验，增强了大局意识、提高了战略思维、开拓了创新能力。

2003 年 11 月，作者被任命为中国银行总行党委委员、行长助理，分管资产负债管理部、风险管理部、资产保全部等部门，直接参与中国银行股改上市的筹备和实施工作。

2006 年 3 月开始，作者分管个人金融部、银行卡部和全球金融市场部。其中，中国银行于 2005 年底引入苏格兰皇家银行（RBS）作为战略投资人，并确定与其在私人银行、银行卡、财产保险三个领域按照股权比例 51∶49 开展专项合作，形成独立核算的事业单位（SBU）。2006 年初，RBS 开始按照协议派出工作人员进入中国银行。但由于这种股权安排不符合监管部门关于单一外资持股比例不得超过 20% 的规定，而且与 SBU 的很多合作细节尚未敲定，作者在业务范围、组织架构、管理规则、管理层选配、薪酬待遇等方面花费了大量精力和时间，推动其步入正常经营轨道，并在中国率先推出了私人银行。在这一过程中，作者投入全球金融市场部的精力和时间受到限制。

中国银行全球金融市场的前身是外汇资金部，负责中国银行外汇头寸的币别调整（外汇买卖）、资金安排（证券投资）等业务。由于中国银行在 1994 年以前一直是中国唯一一家经营外汇和海外业务的专业银行，外汇资金部实际上也就成为整个中国的外汇资金部，是中国银行非常独特和独立的部门，其部门负责人和分管行领导都是由该部门内部培养出来的，外部干部难以参与其中。1998 年以后，人民币金融市场业务逐步加入其中，该部门被调整为全球金融市场部，但主要管理人员仍然以原外汇资金部为主。作者本人是第一个不是由该部门培养出来的分管行领导，且之前部门管理层也做了很大调整，主要负责人也是从外部调入，但恰恰在这一过程中，该部门的经营压力陡然上升：2003 年末国家从外汇储备中拿出 450 亿美元成立中央汇金公司，并平均分配给中国银行和中国建设银行作为股改资本金，这部分注资要求参照外汇储备前三年平均收益水平进行专项考核，中国银行则将其交给全球金融市场部进行运作。但2003年6月至2004年6月恰恰是美元利率水平大幅降低后的底部，联邦基准利率处于创纪录的1%的低水平，国际上一般美元资产收益率大大低于注资回报要求，迫使经营部门放松风险控制，不断扩大高风险产品投资，包括次级债券类产品；2005年底引进国际战略投资者而吸收的几十亿美元资本金，以及2006年中国银行在香港上市募集的上百亿美元资本金，仍然交给该部运作。资金规模的扩大，内部考核要求过高，加之前期投资没有出现任何问题，促使其大幅度扩大次级债券类投资。到2007年7月次贷危机爆发时，该部门投资的海外证券类资产总余额超过1300亿美元，但经营管理人员力量非常薄弱，主要负责人员更换大，且常年驻守北京，不仅缺乏直接的海外市场感知，甚至缺乏必要的专业知识和实践经验，对所投资产品的结构、底层产品风险状况、主要影响因素等缺乏了解，投资产品主要依靠国际做市商的推荐介绍。同时，规模庞大的海外证券投资，并没有纳入资产负债管理及风险管理等部门协同管理，而基本上完全交由金融市场部门独立运作，董事会、高管层更没有足够参与，对投资策略、基本原则、风险价值限额等缺乏明确指引，结果在爆发危机时，完全陷入被动的局面，根本无法及时有效地加以应对。

这种状况使我作为分管行领导承受着巨大的压力，也促使我集中精力加大对相关业务和国际金融市场的研究，包括穿透美国次级按揭贷款支持证券（MBS）及其衍生品，进入其底层资产——住房贷款，以及对贷款质量影响最大的因素——房地产价格走势的分析，发现美国房地产价格已经进入下行通道，相关产品的风险以及金融市场正在面临巨大考验，在这一基础上，作者在2008年第二季度国际金融市场回暖，很多人认为次贷危机已经过去的情况下，坚定地认为危机远未过去，市场回暖只是救市运动下的回光返照，必须抓住机遇尽快处置次贷证券等不良资产。因此，我带领部门提出尽快处置80亿美元、100亿美元、120亿美元三个档次的行动目标，经批准后，在雷曼兄弟倒闭前，按照账面平均价格86%左右的折扣完成了第一目标。当然，这也造成了11亿多美元的损失，引起多方面的高度关注，由于种种原因，相关工作没能继续推进。紧接着雷曼兄弟倒闭、金融危机爆发，我们前面所处置的同类产品市场价格急落到账面价格的15%以下，相比较而言，前期处置80亿美元的行动，尽管表面上形成了11亿多美元损失，却隐性减少了50多亿美元的潜在损失，这在当时整个国际市场上都是独一无二的！

也正是基于上述分析，在国际金融危机爆发，主要经济体采取联合救市行动后，在很多人开始预测世界经济何时开始反弹，并特别担心大量投放流动性将引发严重通货膨胀的情况下，作者在2008年10月《国际金融》杂志上就刊发万字长文，呼吁“必须更深刻更审慎地看待美国金融危机”，从深入分析美国住房价格变化态势入手，进而上升到更深远的经济金融全球化进程和格局变化的分析，明确指出美国金融危机的原因是非常深刻而复杂的，是多重因素长时间共同作用的结果，很多分析判断显然过于乐观和肤浅，应对的准备严重不足，必须做好应对更坏结果的准备。自 2011 年起，作者也多次发文强调，国际金融危机爆发，证明经济金融全球化发展已经阶段性走过头了，产能过剩和流动性过剩问题远未消除，危机远未过去，世界经济将进入有效需求不足，“整体低迷、此起彼伏”新常态。同时，我也不断强调中国保持巨额国家外汇储备意义重大（“巨额国家外汇储备，饱受争议，却受益匪浅”），必须改进和强化国家外汇储备的管理与核算监督，并强调传统的刺激性宏观政策和经济理论将面临巨大挑战，全球化需要新的发展路径和模式，国际货币金融体系需要深刻变革。作者进而提出，中国的崛起正迎来难得的历史机遇，将推动世界格局发生极其深刻的变革，21 世纪将成为中国的世纪；当然，这也必将激化与其他大国的矛盾乃至更多国际矛盾，需要做好应对外部严峻挑战的充分准备。中国需要抓住机遇，推动新的一轮更加深刻的改革开放，并形成新的全球化发展理念、思路与国际治理体系和理论体系，增强中国特色社会主义的国际影响力和示范引领作用。

2009 年伊始，作者开始分管中国银行信息科技和收付清算等相关部门，经过极其艰苦复杂的努力，到 2011 年 10 月，将中国银行长期困扰且不断加重、数次尝试均未成功的核心系统不统一问题彻底解决，胜利实现自 2003 年开始启动的“中国银行 IT 蓝图”重大工程，并开始启动海外系统整合工程，推动核心系统统一后整个信息科技应用的提升，包括“中国银行全球清算平台”建设。2011 年末提出依靠信息科技推动中国银行成为“智慧银行”（Smart Banking）的构想。在规划和实施过程中，我逐渐感受到，电脑的概念正在快速淡化，而互联网概念则在快速增强，互联网时代正在加快形成。2013 年“余额宝”推出后短短数月内就将银行活期存款转走 5000 多亿元，其资产规模远远超过已经成立 20 年左右的大部分城商行、农商行，于是互联网金融的概念在中国出现并快速升温，也推动作者加强了对互联网的发展以及互联网应用的研究，推动中国银行成立了网络金融办公室，开始探索互联网金融的发展。2015 年 8 月，本人离开中国银行，到一家大型互联网生态企业负责互联网金融板块的创建工作，进一步加深了对互联网发展及其应用前景和互联网金融发展重点的认识，坚持互联网金融只能是“互联网 + 金融”，需要准确把握技术的发展和金融的本质，推动二者的有机融合，既要积极运用互联网等新的信息科技推动金融提高效率、降低成本、严密风控，促进金融信息化、数字化、智能化、生态化、普惠化发展，又要坚持货币金融的本质和宗旨，及其发展的逻辑与规律，推动互联网金融健康有效发展。

其间，从 2012 年开始，比特币作为一个“去中心”非国家主权货币全新的概念进入视野，对我的触动很大。自国际金融危机爆发以来，作者一直认为以一国主权货币作为国际中心货币，又没有形成相应的均衡合理的国际治理体系的情况下，是非常容易出现严重问题的，因此，我也一直在进行超主权世界货币的探索和研究，比特币的出现首先引起我对其能否成为超主权世界货币的兴趣。在研究比特币运行机理的过程中，我又逐步对其依托的“区块链”技术产生兴趣。作者于2015年底发起成立“共享金融100人论坛”并担任理事长，随后即在论坛下成立了“中国区块链研究联盟”，并在自己的互联网金融板块内设立“区块链研究室”，成为国内区块链研究的领先者，也由此成为中国工信部“区块链技术与产业发展论坛”的创始成员之一，成为其首届理事会的副理事长。

但是，随着研究的深入我逐步发现，比特币完全比照黄金的原理，不仅总量事先设定，而且连阶段性供应量都事先设定，本身就违反了货币发展的逻辑和规律，比特币难以成为真正的货币，实际上是封闭的网络体系中的虚拟货币，不兑换成法定货币难以实现其价值，难以将其区块链体系渗透到现实世界之中，因此，根本不可能颠覆和取代法定货币，难以成为超主权世界货币；区块链的应用，应该跳出挖矿造币封闭型的“比特币区块链范式”。中央银行更不能模仿比特币等加密货币推出“中央银行主导的数字货币”或“法定数字货币”，而只能是运用区块链等技术推动法定货币的数字化、智能化。

然而，随着以太坊及其以太币的推出，其在比特币区块链基础上加载了智能合约功能，扩大了区块链的应用，进而催生了更多的区块链和加密货币，催生了ICO资金募集新方式，推动区块链创设和加密货币炒作快速升温，中国则成为全世界加密货币“挖矿”和交易的中心，一度占到业务量的将近80%，各种虚假宣传和诈骗传销盛行。这引起作者高度关注和深深忧虑，作者于2017年7月和8月（在2017年9月4日监管部门叫停ICO以及其后禁止人民币与加密货币兑换之前）连续发文，强调必须“理性看待网络虚拟币与区块链”“对网络虚拟币必须准确定位和监管”，在社会上引起很大反响。2018年3月24日《经济观察报》刊发了《王永利万字长文揭蛊区块链的八大痛点》。我在多种场合、多家媒体上一直呼吁社会各方一定要理性对待数字币和区块链。这也推动作者不断反思和提高对货币金融的认识。

自2011年7月开始，我接管了中国银行财会部、司库等部门（分管部门多达16个）。针对当时非常严峻的本外币流动性问题（当时中国银行正在接受“国际系统重要性银行”的达标考察），作者带领相关部门深刻改变脱离中国银行实际和市场价格的“全额FTP”（FTP为资金内部转移价格）做法，强化资金内部转移价格市场化定价，推动业务条线和分支机构从过多依赖总行贴补，削弱市场竞争力，造成总行巨额亏损黑洞（没有考核），转向开拓市场、强化市场竞争力，进而深刻调整发展战略和激励机制。同时，切实加强资产负债整体规划与管控，特别是完善流动性管理的规章制度和工作流程，明确影响银行整体流动性最重要的因素是货币投放的松紧，而当时影响货币投放最重要的因素是中央银行外汇占款的变化，流动性管理必须高度关注中央银行外汇占款与货币政策的变化。2013年第一季度中央银行外汇占款比上年末新增9433亿元，月均新增3144亿元之后，4月新增下降到2843亿元，5月进一步下降到1013亿元，中央银行外汇占款下降非常明显，但并未引起各相关层面足够的重视。进入6月，从中国银行结售汇数字看（中央银行只披露月度数字，而且一般在次月 10 日后公布，难以满足流动性管理需求），中央银行外汇占款继续保持明显的下降趋势（6 月最后的结果是出现小额负增长）。根据这种情况，我们从 5 月开始，逐步收紧信贷投放，加大备付金存款规模，确保流动性安全。在中央银行外汇占款（基础货币）增速快速下降的情况下，基于前期金融机构资金体内空转加重的态势，我国政府提出货币投放“盘活存量、用好增量”的要求，也不断收紧资金拆借额度，到6 月 13 日，银行间市场出现严重的“钱荒”，造成巨大的社会影响乃至国际影响（当时有媒体错误报道是中国银行出现问题，引发海外广泛关注）。但在这一过程中，中国银行恰恰由于准确把握了资金供求变化态势，提前做好应对准备，在市场出现“钱荒”期间，还能够积极提供资金支持市场需求，缓解市场紧张局势，不仅获得很高经济收益，而且赢得良好市场声誉，得到了各方面的好评。这也更使作者意识到，银行资产负债管理特别是金融市场的监管，不能再像传统上管存贷款那样，更多地运用行政手段，而是需要很高的专业水平和市场化运作，需要特别准确地把握货币投放和整体流动性的核心影响因素及其变动趋势。

2009 年国家出台了关于支持人民币“走出去”的相关政策，人民币国际化迈出实质性步伐，也引起作者的高度关注和积极探讨。通过总结以往美元等世界主要货币流入中国的做法，以及国家外汇储备管理等方面的经验教训，不断思考人民币国际化的路径和方略，特别强调人民币“走出去”，不应鼓励（而应限制）现钞“走出去”，而应该鼓励通过银行转账“走出去”。记账清算下，人民币“走出去”，实际上是人民币所有权流出，因此，境外拥有的人民币越多，中国的人民币外债就会越大，金融机构的资金实力也会越强。人民币国际化与外汇进出与储备将产生替代作用，需要纳入国际收支和境外资产负债统一管理。人民币国际化最重要的基础是加快中国内地人民币全球清算总中心和交易总中心建设，而不是离岸中心建设；最重要的推动力应该是中国国际金融中心建设及其大量应用人民币作为交易的计价和清算货币。国际金融中心建设非常重要的就是加快大宗商品与金融期货及其衍生品交易市场的开放和发展，而中国已经具备这方面难得的天时地利基础条件，亟须从国家金融战略高度明确规划、加快发展。所有这一切，都需要切实加快推动金融监管体系改革和金融市场对外开放。

作者亲身经历了中国改革开放 40 年的发展过程，特别是银行业改革开放与发展变化的历程，亲身经历了国际金融危机的爆发和应对，深知改革开放的发展成果来之不易、弥足珍贵，同时，也深深感到中国已经进入新阶段、新时代，亟须推动新一轮更加深刻的改革开放，特别是亟须全面深化金融改革开放。这也将面临更加严峻的矛盾和挑战，有很多重大理论和实践问题需要厘清和准确把握，更需要准确认知和把握货币金融的本源和宗旨及其发展的逻辑和规律，准确把握金融发展的方向和改革的重点，既要促进创新发展，又要避免犯严重的颠覆性错误，推动货币金融和经济社会健康发展。

2018年是党的十九大顺利召开之后，是中国特色社会主义新思想新规划新方略正式启动实施的第一年，是国际金融危机爆发后的第十年，是中国改革开放40周年，是认真反思和总结经验教训，特别是货币金融改革发展的经验教训，准确把握方向和战略重点，有效推进新的改革开放和加快发展非常关键的时刻和绝佳的时机。

正因为如此，作者从2018年伊始就辞去公司职务，集中精力梳理自己长期以来有关货币金融的所思所想，围绕一些重要理论和实践问题进行深入研究和观念提炼，利用6个月时间写作编辑成本书，这其中凝聚了自己的心血和思想成果，也得到了家人和朋友的大力支持。

三、《世界金融大变局下的中国选择》一书的基本特点

这本书并不想写成一本教科书，而是更加强调理论联系实际，围绕中国金融尽早实现综合实力和国际影响力世界领先的战略目标，重点剖析改革开放以来中国货币金融发展变化的奥秘以及存在的问题，探索新时代中国金融改革的重点和发展方向，以及世界剧变背景下国际货币金融体系变革的重点和方向，重新梳理和明确货币金融发展的基本逻辑与规律，由此形成了四部分相互关联、不断延伸的内容：

第一部分：货币的产生与有形货币的演变；

第二部分：记账清算与无形货币的蜕变；

第三部分：改革开放以来中国货币金融奇迹探秘；

第四部分：货币金融未来发展探析。

贯穿于全书的一个重要指导思想就是：必须将货币金融的研究置于经济社会基本制度和发展阶段的大环境中，放在全球化大背景和上百年的历史过程之中。因此，这本书并不是就货币论货币，就金融说金融，特别是在探析中国改革开放以来货币金融奇迹奥秘时，更多的是探索中国改革开放的发展历程和发展奥秘；在探索货币金融未来发展方向时，也更多地探索中国崛起对世界格局的深刻影响，并放在世界格局深刻变革的背景下探索国际货币金融体系的变革，这是本书不同于一般货币金融专著的重要特点。

当然，本书所涉及的很多货币金融内容还是偏于专业，而且提出了很多不同于传统教科书的新观点、新思想，因此，为便于理解和接受，本书尽可能用通俗易懂的语言，而非特别专业的术语进行论述和表达，并在每一节开始前，都列出了本节需要关注的主要问题，以便帮助读者带着问题进行阅读。

本书涉及的内容比较广，既有基础理论问题，又有现实热点问题，还有类似互联网金融，特别是数字币、区块链这样的新兴问题，限于作者阅历、精力和时间以及篇幅等方面的限制，不少问题的论述不一定充分和完整，有的观点甚至可能存在差错，现在将其呈现出来，特别希望能引起广泛关注和共同探讨，推动货币金融的理论研究和创新发展，去伪存真、拨乱反正、正本清源，推动新时代货币金融和经济社会更好发展。

（作者系中国国际期货副董事长，曾任中国银行执行董事、副行长）

“物联网＋银行”发展战略布局

汪祖刚

一、“物联网＋银行”发展战略背景

在实体经济供给侧改革进入“深水区”、银行业监管强化预期增强、利率市场化进程深度推进以及金融科技不断创新演进等经济金融发展环境下，如何实现智慧转型、重塑竞争优势、兼顾效益与风险摆在了大多数银行业金融机构面前。而打造具有划时代符号的物联网银行无疑为传统银行业指明了一条新的发展路径和方向。物联网银行实现了物联网场景中价值属性与物品属性的有机结合，智慧应用与金融服务的有机衔接，让金融更普惠、更智能、更高效。当前，传统银行在打造物联网银行方面具备得天独厚的战略转型机遇、市场拓展机遇、技术协同机遇，只要紧密围绕服务实体经济的根本，通过根植物联网思维、建立行业标准、改造物联网场景、优化业务流程、重塑风控体系等策略打造物联网银行新模式，便可构筑中国银行业前沿探索和创新实践的新高地。

二、“物联网＋银行”全新机遇

（一）战略机遇

互联网金融发展经验表明，未来金融机构的核心竞争力已经转移到其是否能够利用最新金融科技技术，实现模式、风控、产品、服务等协同创新，提供极致的用户体验，以防止被同业超越或是被边缘化。随着大数据、云计算、区块链、人工智能等金融科技力量“赋能”传统金融业，以银行业为代表的金融机构普遍已形成公司整体战略升级的共识，并明显加快了互联网化、智慧化、特色化的战略调整步伐，以应对行业利差收窄、同质严重、服务滞后等行业诟病问题。2017 年上半年以来，中国工商银行、中国农业银行、中国银行、中国建设银行密集联手“ABTJ”互联网巨头进行全面战略合作，传统金融互联网化和互联网企业金融化变革正在提速。而伴随着物联网金融的兴起浪潮，传统商业银行更为积极主动布局和打造物联网银行完全契合了当下银行战略转型升级的发展需要，吻合了商业银行向互联网化、智慧化、特色化方向调整节奏。只有这样，商业银行才能在业内同质竞争、业外跨界整合中立于不败之地。

（二）市场机遇

在我国供给侧“三去一降一补”的结构性改革趋势下，传统产业转型升级的不断加速，各个产业领域都将物联网作为其发展的“标配”，为促进物联网金融发展奠定了市场基础。物联网金融将全面覆盖三大产业，同步改造产业上下游的商业模式和融资结构，全方位地满足产业转型升级过程中的金融服务需求。商业银行的物联网金融业务将随着产业升级而呈现指数式的增长，迎来全新的市场发展机遇。统计显示，全国大概平均每年有 70 多万亿元的动产。按照国际惯例，动产贷款量大概占动产总量的 60%～70%。而中国当前大概只有 5 万亿元左右的动产贷款，却有 70 多万亿元动产，通过物联网技术撬动动产金融，其市场发展空间巨大。商业银行通过近十年的飞跃式发展，在市场份额、客户数量、网点布局、资金资源等方面完全具备了挖掘物联网场景金融的综合服务能力，优化了商业银行信贷资产结构，打破“长尾客户”的服务边界限制，切实解决了传统金融市场中的痛点问题。当物联网技术大规模推广应用以后，将更加丰富商业银行的金融业务形态和拓展业务空间，带来更大的发展机遇。

（三）技术机遇

技术创新是推动物联网银行发展的第一生产力。近 5 年来，随着大数据、云计算、区块链、物联网、人工智能等新兴技术的迭代升级，以金融科技为主导的技术在降低传统金融交易成本、提升金融服务效率、改善金融服务体验、惠及长尾市场等方面发挥着越来越重要的作用。全国自上而下的科技规划和自下而上的科技创新相互叠加，各级政府、科技企业、高等院校不断推动着金融科技的发展步伐。据零壹数据中心统计，2017 年上半年，全球金融科技投融资共涉及 1668 亿元，而中国金融科技投资占比超过 50%。中国金融科技的快速发展凸显出摩尔定律效应，使得技术运用边际成本不断降低，为传统商业银行打造物联网银行创造了良好的技术机遇。

三、“物联网＋银行”发展战略路径

物联网银行的打造是一项创新性工程，需要在物联网银行的思维、标准、场景、业务、风控等方面积极推陈出新，充分发挥和吸收物联网思维和技术在生产场景、生活场景中的信息挖掘，促进金融服务的深度和广度不断延展，让金融真正实现普惠化、智慧化、便捷化。

（一）植入物联网思维，打破思维定式

物联网是社会化组织架构的思维，是大事件思维，是高度自适应的“中医思维”（刘海涛，2016）。传统商业银行打造物联网银行必须从物联网思维出发，把物联网思维贯穿到商业银行的模式、业务、风控、管理中，对传统商业银行进行“帕累托改进”。第一，由抵押思维向质押思维发散。通过借助物联网技术方案对企业存货等动产进行智能化识别、定位、跟踪、监控和管理，赋予动产以不动产的属性，进而撬动供应链金融、动产金融的发展。第二，由二八思维向长尾思维发散。物联网在金融领域运用的核心价值在于通过打破传统银行的固定思维，让不动产不足而动产充足的中小微民营企业、新兴科技型企业、“三农”企业等长尾客户能够获取更多的普惠服务，最大程度解决长尾用户融资难、融资贵的桎梏问题。第三，由主观思维向客观思维发散。随着传统产业和企业的物联网化改造，将物联网技术和设备直接链接到生产场景的采购、生产、加工、销售等过程中，通过真实的、实时的、客观的生产场景数据信息进行贷前调查、贷中审批、贷后管理，排除信息失真和人为主观的缺陷。通过以上三大传统思维的转变和发散，真正把物联网思维植入到银行的全流程经营管理中，为打造物联网银行扫清思维障碍。

（二）建立行业标准，打造物联网银行

物联网银行标准建立是一项全新的创新性工作，需要充分结合国际、国内物联网技术前沿和我国银行业务发展规范全面统筹规划，建立起物联网银行标准化工作体系。物联网银行标准体系建立需要秉持导向性、操作性、集约性原则，真正让传统银行通过物联网银行改造实现自身在物联网金融领域的深耕细作，让普惠金融发挥到极致。建立物联网银行业标准：其一，在国家层面成立物联网在银行领域应用标准工作组，由中国人民银行联合中国银保监会引领和推动物联网银行标准研究和部署工作；其二，传统商业银行和物联网产业上下游应积极主动配合，在部分地区、部分业务、部分管理方面先试先行，在物联网银行的横向标准（软件标准和硬件标准）和纵向标准（服务标准和评价标准）方面实现产学研有机结合；其三，鼓励国内大型商业银行参与或主导制定国际物联网银行标准，以标准“走出去”带动物联网银行产品和服务在海外推广应用，同时要加强物联网银行标准方面的知识产权保护。

（三）加快物联网场景改造，增强虚实黏性

对生产场景、生活场景的物联网改造是物联网银行回归本源的基本前提。相较于实体中小微企业融资难、融资贵问题，传统银行业脱实向虚、资金空转、监管套利现象一直广受诟病。物联网银行的打造只有通过物联网场景改造，才能实现物质世界和互联网创建的虚拟世界互联互通，将实体经济与虚拟经济相结合，促进银行与企业的联系更加密切频繁，并围绕个人生活、企业生产按需提供金融服务。一方面，传统商业银行在打造物联网金融过程中主动在诸多金融领域与生产企业、交易平台、仓储物流企业开展合作，共同推动对中小微企业进行物联网改造，直接将银行产品和服务切入到客户生产、流通、消费的全过程中，构建物联网金融生态圈。另一方面，传统产业在智能化转型升级过程中顺应行业发展需要，积极进行自身物联网化、智能化更新换代，主动降低物联网银行自身信息的获取障碍，从而获得物联网银行的普惠金融支持。

（四）优化业务流程，提升服务能力

商业银行传统信贷业务、中间业务、获客渠道等业务流程已不适应物联网银行的发展需要，需要进行流程优化和升级。物联网银行在业务流程方面需要充分利用物联网思维和技术传承产业供应链金融信息流、资金流和物流“三流合一”的业务理念。物联网银行的业务流程设置将按需定制，实现智能化、全方位、普惠化发展。在信贷业务方面，物联网银行的主要业务优势在于动产融资，通过物联网技术，对动产进行实时监控，由被动监管变为主动管理，由事后追踪变为事先防范，实现全过程数据化、网络化、实时化，大大降低银行运营管理成本和道德风险。在中间业务方面，随着物联网化在生产、生活场景的广泛运用，物联网银行与客户之间关系日渐紧密，可主动提供覆盖所有环节的全方位、定制化的物联网金融中间服务，如感知支付、财务顾问、投资咨询、企业信用评价、综合金融解决方案等，开展附加值高的创新型业务服务。在获客渠道方面，通过物联网技术和设备对个人家庭、生产车间进行物联网化改造，凭借其在信息获取和数据挖掘等方面的天然优势，实现对客户的智能挖掘、精准获客、主动营销。

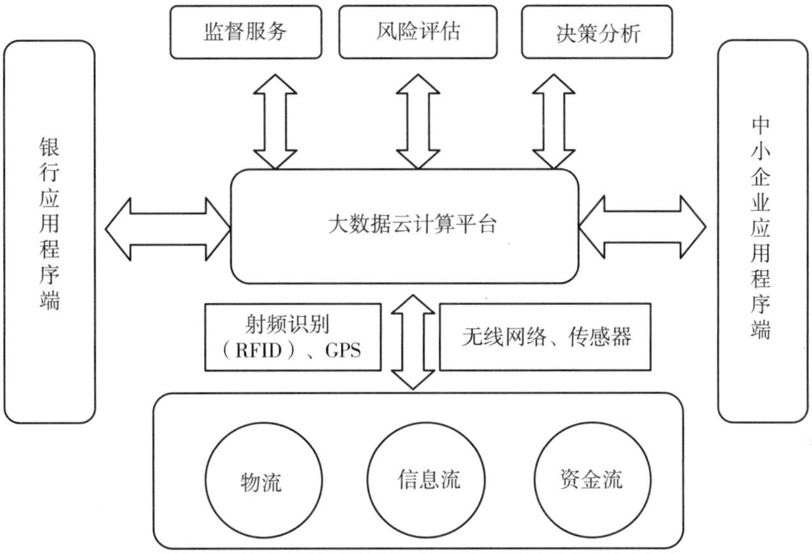

图1 物联网银行服务结构

（五）加载物联网信息，重塑风控体系

随着物联网设备和技术在生产场景、生活场景的广泛运用，物联网信息会最大限度地弥补传统银行风险管理体系和逻辑的局限和痛点，消除信息不对称所带来的不确定性，物联网银行的风险管理体系将实现颠覆式的重塑。在风控信息获取方面，物联网银行将主要通过物联网思维和技术实时掌控客户的采购渠道、原料库存、生产过程、成品积压、销售情况等真实信息，全面客观了解和掌握客户的真实情况，彻底改变银行现行信用体系存在的根本问题——缺乏对实体企业的有效掌控。在风控信息质量方面，物联网银行由于其“物信合一”的特殊优势，对客户真实、客观、有效的生产、生活场景物联网数据、互联网数据、交易数据等进行交叉验证并形成立体式洞察，对客户的“噪声信息”进行有效的剔除，提高了信息质量和可信度。在风控决策方面，物联网银行将通过收集到的客户海量真实场景的数据信息建立起客户的真实画像，构建物联网风控模型，精准评估企业偿债能力和偿债意愿，精确计量违约概率和违约损失率，帮助银行开展贷前尽职调查、贷中授信管理、贷后跟踪预警，从传统滞后、片面的主观风控重塑为实时、全面的客观风控，有效提升物联网银行的风控水平。

（作者系南京财经大学江苏创新发展研究院研究员）

数字孪生——通向第四次工业革命的钥匙

刘 佳

此刻我们正在经历第四次工业革命，如果现在我们穿越到第二次工业革命，看到这样的一幕，您会有何感想？您可曾想过1906年的那一个夜晚如果发生在2018年一个普通工程师家里，又会有什么不同？

——引言

一、数字孪生的概念界定

一位美国发明家通过1600次的反复实验，终于点燃了世界上第一盏有实用价值的电灯。事后这位科学家不甘于现状，又经过了27年的反复研究实验，直到1906年，他又改用钨丝作为发光介质，使灯泡的发光时间得到了延长，并一直沿用到今天。从此，这位发明家的名字如同他发明的电灯一样家喻户晓，这就是被后人赞誉为“发明大王”的爱迪生。

回望过去，电灯的发明是第二次工业革命的一个重要标志。然而爱迪生从使用棉纱做成的碳丝到钨丝却整整用了27年，那假如换到现在这个实验过程需要多久呢？我想第四次工业革命的标志性技术——数字孪生和人工智能，可以让我们把这个时间缩短到27个小时甚至更短。那么，数字孪生究竟是什么？它具备哪些特征？又是如何作用于我们今天各行各业的运用和发展？接下来一一为您讲述。

数字孪生（Digital Twin）这一名词是2001年由密歇根大学迈克尔·格里夫斯（Michael Grieves）博士提出的。在格里夫斯教授的产品生命周期管理（Product Lifecycle Management，PLM）的课程里，数字孪生被定义为物理事物和这些物理事物的数字克隆。他提出该概念的目的是让制造业更好地理解产品本身与产品设计之间的关系，从而让产品设计与生产之间形成双向循环的优化，这种双向循环又被称为数字纽带（Digital Thread）。在该概念被提出后的前10年当中，由于数据的采集方式和计算性能的瓶颈，数字孪生这一概念并没有得到长足的发展。但是随着这几年物联网技术的大热，以及人工智能的兴起，数字孪生逐渐再一次来到我们生产生活中，成了一个极其重要的概念。根据高德纳（Gartner）公司发布的《2018年十大战略技术发展趋势》预测，已经把数字孪生作为2018年度最重要的10项战略技术之一。同时不难发现，在海内外主流的云计算平台以及工业自动化领域都已经部署了数字孪生及相关工具，这些数字孪生将被用于了解物体或系统的状态、响应变化、改进运营模式并提升企业价值。

图 1 展示了数字孪生的概念模型。其中，它包含三个主要部分：（1）真实空间中的物理产品；（2）虚拟空间中的虚拟产品；（3）将虚拟产品和真实产品连接在一起的数据和信息。

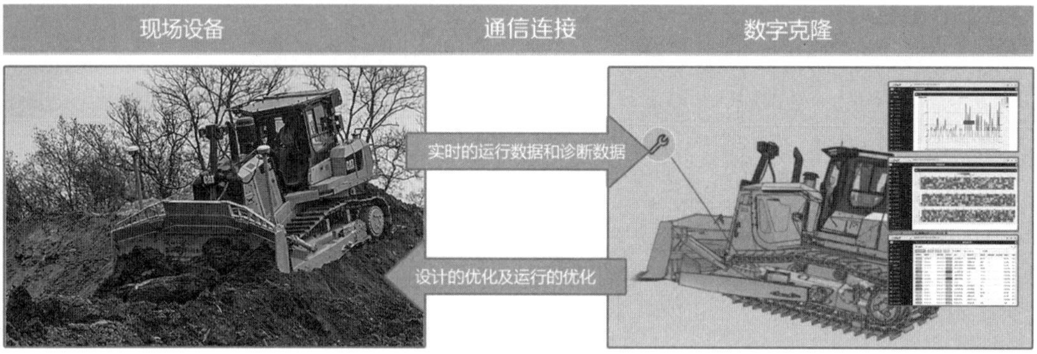

图 1　数字孪生的概念模型

二、数字孪生的核心特点

数字孪生包含了适应和改变两个重要的特点。通过将人工智能与实时数据相结合，可以创建感知数字克隆，这些数字克隆会随着物理产品的改变而实时更新和改进。随着产品生命周期系统变得更加复杂，数字克隆模型的复杂性会增加。在国内，从数字孪生概念的提出到现在，我们对于数字孪生所带来的价值认识以及运用还远远不够。为更好地深入理解数字孪生，试将数字孪生的核心特点投射到物理产品全生命周期的五个阶段来加以阐述，即产品设计、产品制造、产品营销、产品使用和产品服务。

（一）产品设计阶段

数字孪生在产品设计领域的运用已有将近十年的时间，目前主要用于资本密集型产品，如喷气发动机和重型机械等。在产品工艺和制造环境的设计阶段，企业都可以在数字空间中构建和测试，生成与厂房及设备相对应的数字克隆。经过大量的数字模拟后，企业可以得到一个最佳设计方案，并根据此方案投资新设备和建造厂房，能够有效地降低资本性支出。具体而言，设计人员可以将数据推论投射到计算机辅助设计（CAD）或者 3D 模型中去探索各种可能性，以找到最佳的设计方式和产品参数。另外，有了可靠的数据，设计师将能实施更为严格的 A/B 测试、假设分析和仿真模拟。通过对设计过程中作出的假设与当前理论建模方法的比较，能够使数字克隆更趋真实。

最重要的是，数字孪生促进了产品设计持续的机器学习、动态校准以及提高端到端可跟踪性等综合能力的提高。这些综合能力能够识别数据的内在趋势和规律，帮助产品设计师随着时间的推移改进数字模型。当现场的每个物理产品都在传输数据时，通过对这些数据的分析，又可以反过来帮助企业深入地了解产品的各种使用特性。有了这些信息支撑，设计师可以减轻甚至避免产品可能出现的瑕疵，促进产品性能不断优化升级。

（二）产品制造阶段

尽管产品设计、生产线和生产工艺在数字克隆过程中经过了最优的模拟测试，但其在制造阶段或装配阶段（特别是部分零件使用供应链定点生产产品）中的产品缺陷仍然是无法完全避免的。同时，现场制造与装配生产线是一个需要进行持续的技术改造的过程，不一定能找到通用的框架去解决，例如，汽车生产企业的技术工艺不可能与牛奶生产企业的技术工艺一样。但是，通过物联网设备技术与数字孪生相关联，我们至少可以迅速地判断和找到问题的根源，例如问题可能来自机器设备、装配线、工厂辅助设施、零部件等具体情形，并迅速解决产品制造过程中的问题，提升产品制造效率。

（三）产品营销阶段

随着互联网思维在实体产业的不断发散，我们正进入一个用户体验的新时代。对于制造商来说，正因为通过数字孪生有了可靠的数据，才能达到极好的用户体验设计和产品市场匹配。在产品营销阶段所产生的数据信息会在产品售出后存储到数字克隆里并形成丰富的用户画像，数字孪生能够更精准地挖掘用户习惯、更差异化地理解用户需求，从而指导和辅助企业实现更为精准的营销，有效地降低营销的边际成本，提升产品的盈利空间。

（四）产品使用阶段

很多情况下，产品一旦被售出后，企业跟客户在产品使用方面往往存在着不同程度的信息不对称。一方面，在客户反馈的问题中，企业很难判断是产品本身的问题还是客户使用过程中造成的问题，错误地使用很可能会导致产品出现意想不到的问题，而产品设计师却很难预测客户使用产品的习惯和方法。另一方面，许多产品被同时用于多个领域，这些不同领域的环境和操作条件会导致产品不同层次的损耗和老化，例如，一个泵可能在寒冷的大庆被用来采油，而同样型号的泵可能在炎热的海南用于海水淡化处理。随着时间的推移，通过在数字克隆中对产品的使用特性、条件、工作负载、老化速率、单位经济效益等因素进行实时数据整理与分析，产品制造商则能够拥有更为准确的判断力来作出决策。例如，企业可以选择改变某些部件的设计，针对不同的市场定制不同的产品，或者根据客户的消费模式在定价上进行创新。

（五）产品服务阶段

目前，大部分企业通常通过对客户进行电话访问或其他传统的客服反馈机制来获取信息，然后再将这些信息数字化。然而这种被动的方法并没有真正做到实时、全面和有效。数字孪生结合物联网能够使制造企业实时、全面、有效地掌握产品的使用情况、执行情况等数据信息。这些数据信息又会被加载到数字克隆里，以帮助产品设计的持续优化。更为重要的是，企业能够在用户使用产品出现问题之前提前预测并提出售后服务解决方案，这将会大大地减少产品的故障率，并延长产品的使用寿命。此外，在为客户提供培训和维修服务时，企业通过借助AR等技术，让数字克隆以3D虚拟的方式呈现，结合虚拟助手，这将大大提高培训和维修的便利。

三、数字孪生的应用领域

经过多年的发展，数字孪生这个概念、思维和技术已经逐步深入各行各业，其中包括航天领域、医疗领域、油气和采矿领域、农业领域以及制造业领域等。

最开始采用数字孪生概念并实践应用的是美国航空航天局的兰利研究中心以及美国空军实验室。兰利中心的科学家们利用数字孪生概念将航空研究扩展到测试超音速飞行和太空硬件中，包括阿波罗月球舱。通过对历史数据的挖掘，兰利中心对整个飞行器和太空舱的设计、生产、维护以及最终的退役进行了数字克隆和数以百万次的模拟实验。

在医疗领域，患者的数字孪生可以帮助医疗人员随时掌握身体的指标并在数字世界里模拟治疗过程从而协助医生提出最佳的医疗方案。通过数字孪生，医生可以有效地缩短医疗窗口期，特别是针对急症就医的患者。在患者住院观察期，医护人员可以根据患者的身体状况，饮食情况等快速地作出护理调整，以配合患者的治疗。另外，数字孪生也可以作为培养医疗人员的理想工具。通过对虚拟病例的模拟诊断和医疗，他们可以快速地掌握基础知识。

在油气和采矿领域，数字孪生原型取代了昂贵和危险的实验模型。从施工图设计到开发建设的各个阶段，企业都可以利用数字孪生模拟地质成因、断层结构、钻机状态等重要因素，能够有效地降低投资成本，并提高勘探效益。在实地的采矿作业中，数字孪生能够模拟爆破和掘进工程给周边环境带来的影响。通过对矿山六大系统和采矿设备的数字克隆建模，可以实现各系统之间的数据交互，有效地降低事故发生概率。由于油田及矿山往往都位于偏远地区，维护及风险处理都很难做到实时化。通过数字孪生的部署，可以实现生产的3D浏览、远程安全监管、设备机械的预测性维护以及应急处理机制的实时响应。

在农业领域，我们可以让农场或养殖场的产品流通实现数字孪生化。例如，通过在大棚内部署多种传感器，我们能够让动植物的生长环境达到最优；建设农产品溯源系统，可以完成农业出产的绿色无公害化。这里的数字孪生不是简单数字化，而是对农民、生产资料、农产品和流通环节的数字克隆建模。从农产品的生产加工到物流再到老百姓的餐桌上，是一个比较长的链条，只有共享每个环节的数字克隆给利益相关者才能实现真正的智慧农业。

在最为重要的制造业领域，部署数字孪生能够让企业拥有完整的产品全生命周期数字克隆。通过利用人工智能对数字克隆进行多条件测试和分析，能够帮助企业优化产品，缩短产品投放市场的窗口期，并在瞬息万变的市场竞争中取得长期的竞争优势。

例如，在汽车制造细分产业中，所有的部件可能来自不同的供应商，这些供应商不仅仅提供的是发动机、变速箱和轮胎等实物，同时还提供了数字孪生版本。这样汽车制造商可以预先将数字孪生整合到仿真系统中进行数以百万次的条件测试，而不需要在初始阶段把重点放在汽车原型的生产上。

四、数字孪生面临的挑战

在通向第四次工业革命的时代背景下，数字孪生势必成为至关重要的砝码。当前，尽管数字孪生在产品生命周期和价值链方面有诸多优势，但像大多数新兴技术一样，它同样面临诸多挑战，具体包括了产业挑战、技术挑战、运营挑战、信息安全挑战等几个方面。

其一，数字孪生需要整个实体产业链的整合。数字孪生需要把产业上下游企业同步进行数字化改造并开放数据接口，其数字化改造势必会对企业原有的文化和系统带来冲击，这就需要在部署数字孪生时充分地做好富余设计，以兼容不同的设备和系统。能否实现实体产业链的整合改造是摆在数字孪生面前的产业挑战。

其二，数字孪生需要统一的架构和标准。对现有企业而言，对其当前设备和生产线进行数字化改造是相当困难的事情，数据格式和通信方式成为最大的障碍，比起新建企业可能要付出更大的成本。可喜的是，市场上有像OPC UA基金会这样的机构一直在致力于建立统一的架构和标准。能否构建集中统一的架构和标准是数字孪生集约化运用的技术挑战。

其三，数字孪生需要高效的大数据分析处理。由于大规模的现实数据被收集到数字孪生系统，对信息数据的离线处理、实时处理、数据分析、数据挖掘、报表展示、数据应用等过程将是一个巨大的系统性工程，需要强大的运营能力才能将“智力”转化为“智能”。能否实现高效的大数据分析能力是数字孪生运用面临的运营挑战。

其四，数字孪生需要保护用户隐私信息。数字孪生的运营基于对用户信息的全方位收集和运营。企业的数字孪生系统可能会收集到供应商和客户的多维商业数据信息，这会不会导致用户隐私或机密被侵犯或滥用，将成为一个长期的社会问题。能否解决好用户信息的安全保护将是数字孪生运用面临的信息安全挑战。

五、数字孪生的实践案例

过去，大量的数据采集、流处理、存储需要硬件设备成本和人力成本的大量投入。同时，企业自身维持一个强大的信息技术（IT）团队往往是不现实的，而将信息技术外包又很难打通自有操作技术（OT）的任督二脉。近几年来，随着信息技术的飞速发展以及计算机硬件设备成本呈几何级数下降，部署数字孪生已不再是大型互联网集团及顶级工业制造商的独有技术。与此同时，既深谙信息通信技术又精通操作技能的复合型人才梯队不断成型。在第四次工业革命背景下，随着数字孪生技术的成熟、成本的降低、人才的集聚，数字孪生将成为中小企业从事生产制造业务的标配。

业界尚未就数字孪生应该具有哪些标准、它们应该如何工作或者它们应该支持哪些范例达成共识。笔者认为，数字孪生最终可能成为一个总体概念，与整体运维（DevOps）架构、面向服务（Everything as a Service）体系和云计算类似。每个服务提供商会根据客户的需求和业务模型对数字孪生提出不同解释并部署不同的方法，接下来我们将列出两大类（云计算、传统工业）大型企业的部署路线实践案例供读者参考。

微软：微软公司在2017年发表的《数字孪生战略的承诺》白皮书中详细列出了产品及工业设备制造商的最佳实践指引。在部署层面，Microsoft Azure 物联网引入了设备孪生（Device Twin）的概念，当在云服务的物接入（IoT Hub）中创建设备身份时设备孪生会被自动创建。设备孪生是一个包含了标签、所需变量参数、性能参数和设备参数的JSON文件，方便设备与微软Azure云通过MQTT/OPC UA同步。

亚马逊：亚马逊在实际部署中将数字孪生称为影子设备（Device Shadow）。影子设备是一个JSON文件，其中包含状态信息、元数据、时间戳、唯一客户端令牌以及设备版本。有3个基本REST API可用于与设备阴影交互：GET、UPDATE、DELETE。现场设备使用MQTT或Greengrass OPC UA协议与云端的影子设备通信。

IBM：IBM公司有大量围绕数字孪生的营销宣传材料，包括一些报道和视频。事实上，IBM无疑是在数字孪生概念的推广中投入最多的云服务商。在Watson物联网平台文档的数据管理简介章节中，详细介绍了设备孪生（Device Twins）和资产孪生（Asset Twins）的用法。设备孪生是部署在云端，通过REST API与现场设备进行交互；资产孪生则是设备孪生的集合，是以JSON的格式方式存储，通过HTTP API或OPC UA服务器与现场设备集交互。

甲骨文：甲骨文公司在2017年发表的《物联网应用中的数字孪生：实施数字孪生的方法》白皮书中定义了虚拟孪生（Virtual Twin）和预测孪生（Predictive Twin），前者描述了数字孪生的存储格式（JSON）以及通信方式（MQTT/HTTP）；后者提出了通过使用两种模型为客户提供数据价值。

阿里云：在2018年云栖峰会上，阿里云首次将物联网提升到了主赛道的战略层面。在实施层面上，阿里云并没有对数字孪生进行明确的定义，也没有具体的实施指引。但通过阿里云目前提供的产品，如AliOS Things、Link Edge、IoT Hub、深度学习、图像识别等，用户可以根据自己的需要定义数字孪生模型，也可以参考OPC UA或Eclipse Ditto作为基本指引自行部署数字孪生。

GE Predix：GE Predix提出的是以资产为中心的数字孪生。它提供了有关如何创建并分析数字孪生的详细教程。GE同时还提供资产建模服务，以及数字孪生与AR/VR结合的工具和指引。

博世：博世公司的数字孪生方案被称为博世物联网产品。博世有一些非常详细的技术文档，包括开发人员指南、演示应用程序和托管仪表板。博世数字孪生解决方案似乎是最先进的。更重要的是，开发人员能够非常最容易获得自己想要的信息。

西门子：西门子旗下的软硬件产品是最为全面的。通过掌握西门子的工业自动化系统和相对应的仿真软件，以及 OPC UA 指引，用户可以很轻松地实现数字孪生的部署。西门子和 OPC UA 官方网站提供了详细的说明文档和教程。

三一重工：2017 年初，三一重工旗下的树根物联发布了工业互联网平台——根云。这是国内第一个由大型工业制造商推出的物联网平台，标志着国内工业物联网进入了一个全新的时代。作为国内顶级的工程机械制造商，树根物联对数字孪生的理解超过了国内的主流云平台服务商。根云提供了机器关系管理平台（MRM）、360 度全生命周期管理台（IOM）、设备全生命周期管理服务（DLM）和机器画像服务，部分服务通过标签管理进行数据标注实现，并配合时序数据库（TSDB）实现大并发量的数据存储、读取和流计算。由于时间关系，我并未详细查阅根云的开发者文档，因此不能确定这些服务的部署方法和使用方法，也不能确定其是否有对工业设备数字建模的服务接口。我可以在以后的文章中与大家分享。

六、结束语

在电气时代，当人们点亮电灯时，每每会想到爱迪生这位伟大的发明家，是他给黑暗带来无穷无尽的光明。随着全球经济、科技、产业的迅猛发展，在第四次工业革命的浪潮下，我国提出了“中国制造 2025”十年行动纲领，美国则提出了发展“工业互联网”，德国提出了“工业 4.0”，摆在我们眼前的是无尽的挑战与机遇。第四次工业革命强调了数字和物理系统以及人工智能的结合，我们比以往任何时候都能以更有效的方式降低交付货物和服务的边际成本。随着越来越多的产业场景数字化、网络化、智能化，我们将越来越多地发现物理—虚拟生态系统的市场空间和发展潜力。

1906 年的那一个夜晚我们已经无法回去，但是那一个夜晚如果爱迪生拥有了数字孪生概念和人工智能，您觉得，这个世界会不会像“蝴蝶效应”和《头号玩家》那样呢？

（作者任职于艾林欧迪物联网科技有限公司）

第三篇　新技术　新动能

区块链技术研发的不同路径

李礼辉

进入20世纪以来，大数据、人工智能等新技术迅猛发展，提高了生产的效率和资源配置的效率。更为重要的是，这些新技术正在改变人们的生活方式，改变社会的商业模式。

在一系列技术创新中，人们争议最多、疑问最大的是区块链。尽管区块链技术面世已经10年，人们对这项技术创新的认识和看法依旧大相径庭。

作者认为，并非所有的技术创新都能够成功，都能够得到实际应用和推广。新技术的成功应用必须满足四个要素：一是效率更高，二是成本更低，三是具有商业价值的经济规模，四是具备社会认可的可靠性、安全性。

用上述尺度来衡量区块链，我们看到，区块链技术研发出现了不同的发展方向和技术路径。

一、分布式、多中心、有中介的联盟链架构

一批金融机构和科技企业正在研发基于联盟链架构的区块链技术。联盟链架构的主要特点是：采用分布式账本技术，多中心、有中介。市场规模和资本投入的优势使我国的技术研发和应用走在全球前列。实验应用领域目前涉及金融、物流、慈善公益、公共服务等，区块链金融应用场景包括资金清算、资产托管、跨境支付、供应链金融、资产登记、保险服务等。

近年来，区块链技术规模化应用取得了局部突破：一是建立多维度直接交互架构。在参与方多、复杂性高的金融交易场景中，实现了众多参与方之间零距离、零时差的沟通，可以做到协同治理，共享信息，归并校验，精简流程，提高效率，节约成本，例如，中国邮政储蓄银行的资产托管系统、微众银行的联合贷款管理及对账系统、平安金融壹账通等。二是建立可信数据登记与证实平台，例如，中钞络谱区块链登记开放平台、蚂蚁区块链的“可信数据存证”平台等。

不过，区块链技术规模化商业应用还需要突破一系列技术“瓶颈”：一是隐私保护技术，即金融业务重视隐私保护，在区块链共识机制下，如何有效屏蔽敏感信息，提

高组合环签名、零知识证明、同态加密等密码学技术的性能和效率。二是真实性监督机制，即如何保证上链前数据的真实性和完整性，在将区块链技术用于各类资产溯源时，真正形成闭环，避免信息失真，防止投机。三是区块链智能合约技术，即如何避免智能合约的技术漏洞，同时实现可控的业务逻辑修正和合约升级。四是密钥技术。密钥安全是区块链可信的基石，在私钥唯一性的技术结构中，如何有效防止私钥被窃取或恶意删除，并且能够对私钥丢失、被窃予以补救。五是区块链架构，即如何满足金融系统可用性与业务持续性的要求，并使信任机制、数据保存方式等获得传统金融机构的接受和认可。

由于技术“瓶颈”的限制，当前区块链技术金融应用仍不具备相对于传统金融 IT 系统的核心竞争力。一是数据处理能力有限，未能满足高频次大规模应用需求。二是区块链底层技术架构与现有金融 IT 系统的集成协同程度不够高，升级维护不灵活。三是区块链的共识机制、分布式账本、密码学、智能合约等核心技术不断更新，学习成本高，人才培养和实践经验积累周期长。四是区块链技术标准化建设和法规建设有待在实践中完善，目前尚未形成统一规范和标准，链上资产和智能合约有效性未能得到法律保护，分布式架构下的责任主体不明确，监管难度大。

二、分布式、去中心、自组织的公有链架构

还有一批技术专家和创业者正在研发基于公有链架构的区块链技术应用，试图打造规模化的公有链平台，形成点对点、去中心的“分布式商业模式”。有人预测，DAPP 分布式应用不需要太高的交易速度，但足以形成集群效应。假如 1 个公有链有 1 亿个 DAPP，每个 DAPP 创造 10 万美元价值，这个公有链就有 10 万亿美元的价值。有人描述了这种“未来模式”的颠覆性变化。一是所有的商业中介、信任中介、信用中介都被数学算法所取代，不再需要中心化组织，没有中介成本，商业的可扩展性变成无穷大。二是数字世界的治理机制只是数学算法，不再需要法律，不再需要执法者。三是数字世界需要数字化记账方式、数字账户、数字货币，公有链上的分布式应用以虚拟货币或通证发行作为激励机制，以此驱动链上的经济活动。能够在公有链上生存的只是点对点、去中心化的商业业态，不适合点对点和去中心化的只有传统商业。两者不是相互取代，而是各自精彩。

对于去中心、自组织的公有链架构，挑战来自制度与技术两方面：

第一，制度方面的挑战在于线上自组织经济模式规模化的可行性。自组织经济形态一直存在，但一般局限于较小的规模和范围内。近年来出现的形形色色的币圈，一般只是小范围的线上虚拟社区，而公有链上 DAPP 的集成，则可能形成规模化的自组织经济业态。自组织经济的制度性问题将浮上水面，包括经济主体与责任主体的身份认证，上链资产与数字资产的产权认证和保护，虚拟货币或通证的发行机制和法律地位，市场行为的监督及市场秩序的维护等。这些社会性功能的实现通常需要中心和中介，

需要法律与执法者，在规模化的线上自组织经济业态中能否实现又如何实现，数学算法能否成功地替代中心、中介、法律、执法者，算力优势是否会构成垄断、妨碍公平，地下灰黑色交易能否管控，这些都是我们必须面对、必须解决的大课题。

第二，技术方面的挑战在于区块链底层技术的可靠性。DAPP 的集成可能形成数亿人参与的公有链，技术上的缺陷和漏洞有可能导致大面积系统性的风险。假如由数学算法充当中介、法律、执法等社会性功能，那么数学算法就必须具备社会认可的可靠性、安全性、公平性。分布式联盟链架构面对的技术瓶颈在公有链上同样存在，包括隐私保护技术的有效性、真实性监督机制的有效性、智能合约技术的可靠性、密钥技术的可靠性等。

综上所述，我们似乎可以说，区块链打开了通向未来的一扇大门，但通向未来的路云遮雾障、山高水远。区块链技术应用已经实现的突破，提示区块链技术规模化商业应用的可能性。不过，要实现大规模、大范围、高效率、高可靠应用，还有很长的路要走。重点是，如何进一步突破区块链底层应用关键技术，如何加快区块链技术标准化建设和区块链金融监管制度建设，如何加强区块链技术人才培养和队伍建设。

我们需要跨越障碍的创新勇气和能力，也需要脚踏实地的科学态度和方法，需要金融从业者、科技工作者的创新和实践，也需要监管机构、执法机构的支持和规范。

（作者系中国互联网金融协会区块链工作组组长、中国银行原行长）

区块链与新经济——从支持国家战略到推动金融科技变革

周　沙

一、战略

在中国从1978年开始的翻天覆地的改革开放发展历程中，“一带一路”发展战略无可争议地会是其中一个浓墨重彩的里程碑。

从1978年到2008年可以看作是一个沿海经济区域参与国际经济大循环、以西方发达国家市场作为主要目标，进而介入国际分工的过程。在这个过程中，从简单的三来一补——依靠西方先进的技术、管理、市场营销和中国提供的政策、土地、廉价劳动力资源，带动中国的初级/中级制造业的提升换代。

沿海地区通过土地升值和城市发展，以及获得很多较高工资的智力岗位，老百姓大规模地提升了生活水平，进入了中产阶级行列。

中部地区通过提供农民工队伍，以及变成产业链中上游的方式，获得了一定程度的生活水平提高。

西部地区则是依靠之后的“大西部开发”战略，提供能源和原材料的初级产品，促进了发展。

但是从2008年开始，美国金融危机、欧洲高福利和主权财政危机叠加、日本20年衰退期的恢复依然路漫漫，这些都导致了西方市场日益萎缩。与此同时，中国长期高速发展导致的环境、产能、行业布局、产业结构等负荷过重和内外部压力，都宣告了老的发展模式将难以为继。

在这种背景下，2013年9月和10月，中国国家主席习近平在出访中亚和东南亚国家期间，先后提出共建“丝绸之路经济带”和“21世纪海上丝绸之路”的重大倡议，得到国际社会高度关注。2014年10月24日，包括中国、印度、新加坡等在内的21个首批意向创始成员国召开会议，共同决定成立亚洲基础设施投资银行。2015年12月25日，亚洲基础设施投资银行正式成立。它不但是首个由中国倡议设立的多边金融机构，而且它的成立更加预示着“一带一路”国家战略的扬帆起航。

这个战略的重要组成部分，就是伴随着人民币国际化的中国资本海外投资和跨境资本流动，促使中国建立一个自己主导的、适用于“一带一路”的金融基础设施，来解决人民币的跨境支付和清算问题。

兵马未动，粮草先行。因此从2010年开始，作者就一直思考在人民币国际化道路上，如何建立、通过何种方式建立由中国主导的跨境支付和清算系统。基于这个出发点，作者与身在硅谷的一批青年才俊，试验性地建立了一家叫做井通的科技公司，用于探讨在最先进的开创性技术区块链（Blockchain）上，实现人民币跨境通道的安全性、便利性、公信力和低成本。

区块链技术的出现解决了在点对点通信中一直存在的一个基本问题，即著名的“拜占庭将军”问题。通俗来说就是，在一个去中心化的网络中如何对一个信息传递（比如一笔支付）达成全网共识。国内目前的银行系统都是中心化，银行间的结算都由人民银行的中心服务器作“最后的仲裁”（即结算），从而解决各银行在结算中的信息不对称问题，因为所有的银行都会也必须信任人民银行的结算系统。

不过在跨境人民币支付中，很多情况下由于不存在一个中心结算系统，无法快速有效地解决多币种跨境支付的结汇需求。目前的 SWIFT、TARGET 等跨境支付结算组织都建立了结算中心和银行联盟，以便加入该联盟的金融机构都信任其结算中心来完成跨境支付。而在人民币跨境支付系统的推进过程中，要建立这种结算中心并推广全世界的金融机构对此信任是比较耗费时力的做法，尤其考虑到推行过程中某些国家的阻力。

假如利用区块链技术，就无须建立这样一个结算中心，因为区块链技术提供了一种建立共识网络的方法而无须信任单个节点。这就使推行人民币跨境支付无须建立像 SWIFT 这样的国际结算中心成为可能。

当然，如果认为区块链技术只专注于跨境结算，那就说明我们的认知还不够全面和深入。

二、价值网

因特网在 50 年间实现了对世界无孔不入的渗透，回顾它的历程，有助于让我们理解未来。

1968 年美国国防部高级研究计划局组建了一个计算机网，名为 ARPANET（Advanced Research Projects Agency Network，又称阿帕网）。时逢美苏冷战，美国国防部认为，如果仅有一个集中的军事指挥中心，万一被苏联摧毁，全国的军事指挥将处于瘫痪状态，所以需要设计一个分散的指挥系统。这个指挥系统由一个个分散的指挥点组成，当部分指挥点被摧毁后，其他点仍能正常工作，而这些分散的点又能通过某种形式的通信网取得联系。1969 年“阿帕网”第一期投入使用，共有 4 个节点，分别是加利福尼亚大学洛杉矶分校、加利福尼亚大学圣巴巴拉分校、斯坦福大学和位于盐湖城的犹他州州立大学。位于各个节点的大型计算机采用分组交换技术，通过专门的通信交换机（IMP）和专门的通信线路相互连接。一年后阿帕网扩大到 15 个节点。1973 年，阿帕网跨越大西洋利用卫星技术与英国、挪威实现连接，扩展到了世界范围。

到 1975 年，在全球已有大量新的网络出现。由于最初的通信协议下对于节点以及用户机数量的限制，建立一种能保证计算机之间进行通信的标准规范（通信协议）显得尤为重要。1983 年 1 月 1 日，所有连入 ARPANET 的主机实现了从 NCP 向 TCP/IP（传输控制协议/网际协议）的转换。为了将这些网络连接起来，美国人温顿·瑟夫（Vinton Cerf）提出一个想法：在每个网络内部各自使用自己的通信协议，在和其他网络通信时使用 TCP/IP 协议——这个设想最终促成了 Internet 的诞生，并确立了 TCP/IP 协议在网络互联方面不可动摇的地位，基于 TCP/IP 协议的公网的发展推动了互联网的发展。

互联网的发展过程中，有一个量变到质变的过程。当接入的节点数量相对少的时候，网络上的应用数量和社会对网络的关注相对少，整体处在技术积累的阶段。当接入的节点到一定数量后，就出现应用的爆发，也就是所谓的互联网革命。无数聪明才智者和资本一起涌入互联网领域淘金，发掘创新红利，使得互联网在很短的时间内得到了爆炸性的发展。

回顾了因特网发展的历史，让我们重新聚焦区块链。眼下关于区块链的各类信息已然目不暇接，我粗略地分成两个层次：

一类是将区块链技术作为一门比较有特点的技术，从技术的角度去改造现有的商业模式、创造新的商业模式。

另一类是把区块链技术放到通过交换创造价值这个大概念中，去发现价值网形成过程中的机会。

在人类社会的发展过程中，一直在追求更方便、快捷的价值交换。按照交易方式，可以大致地把人类社会分成三个阶段：物物交换、一般等价物（货币）、信用经济。我们知道，互联网对于世界上的信息流通产生了根本性的变革：在传统的模型中，每传递一次物品和资金，约有 3 倍的信息流产生和传递。互联网接入后，可以在同样的时间内传递 100 倍以上的信息流。信息的充分沟通，带来了物流和资金流的优化。但是由于互联网本身解决不了信任的问题，即使可以高效地实现信息和有价凭证的传输，但依然要引入第三方背书解决互信的问题。这个难题随着区块链的产生，可以第一次用技术的手段解决交易中的信任问题，第一次用技术实现了为交易背书。

通过互联网与区块链的结合，笔者认为，可以产生类似互联网和共识协议的效果。首先，互联网提供了一个无所不在的联通网络；其次，资产和价值两端提供方（如银行）的 IT 系统和公司的 ERP 系统，可以被看成是一种基于价值交换的局域网；最后，最重要的是，当区块链技术演变成基于类似 TCP/IP 协议之上的一种共识协议后，我们可以借助网络，连接各个局域网，构建出能够在全世界范围内进行资产交换和价值交易的价值互享网。

同时，更让我们感到欣慰的是，这种结合不同于 50 年前从无到有地新建一个网络世界，而是基于已有架构、现有软硬件布局的低成本耦合。通过盘活存量，可以塑造出一种全新的社会组织形态和商业模式。

让我们大胆地设想一下，未来的某一天，基于区块链技术的价值互享网，将作为生产关系的一部分，对社会生产力产生重大的影响。因此，从宏观意义上讲，区块链技术是一种可能会对人类社会产生重大变革的技术。

回顾历史，每次对社会带来重大影响的技术变革，都顺应了时代发展的内在需要。如微软操作系统普及，是顺应了基于办公自动化的社会化大生产要求；苹果文化的兴起，则体现了追求个性和思想解放的情感寄托，以及忠实果粉的文化归属感。

区块链天生就具有鲜明的金融属性，显然在金融应用方面会大显身手。下面我们先从金融科技的历史开始，看一下区块链是如何与金融融合发展的。

三、区块链金融与金融科技

金融的核心在于资源（定价）配置和风险控制，所有的资源配置和风险控制最终将通过交易记账和货币记账实现。而传统的交易记账和货币记账高度依赖于传统法币体系、专业的中心化机构和中介，交易成本高、实现效率低，信息流、物流和价值流的管理成本也代价高昂。

（一）早期的金融电子化

金融科技的首次应用可以追溯到纸币的发行年代，1712年南安普顿的一家造纸小作坊承接了英格兰银行印制纸质钞票的订单，由此开启了纸币发行的时代。1866年，第一条跨大西洋电缆的成功铺设不仅开启了人类电报时代，而且预示着金融全球化的实现。

在银行领域，1918年开始电报逐渐成为美国联邦电子资金转账服务系统的重要基础设备。20世纪50年代，信用卡的出现预示着电子交易技术在金融领域的首次应用。20世纪60年代，银行通过自助取款机替代了部分柜员和出纳员的工作，进一步提高了金融服务的效率，降低了人工成本。1966年全球用户电报网络建立，为未来金融技术的全球化发展提供了框架，随后建立的跨银行支付清算系统允许世界上最活跃的银行以美元结算付款。

1969年出现了全球第一个金融交易系统——奥特斯（AutEx），旨在处理机构投资者的大宗交易，通过电话线进行连接。纳斯达克电子交易系统于1971年正式投入运营，800多家交易商与之签订了协议，可以提供2400种未挂牌证券的信息。

金融科技真正意义上见诸公众得益于电子商务的发展。电子商务和网络支付使得电子交易系统对个人投资者开放。到了20世纪90年代中后期，网络技术的高速发展，使网络证券经纪业务、网上银行业务的开展成为现实，网上银行、网络券商等大获成功。

（二）金融的科技变革

网络基础设备和智能设备的普及、信息技术和移动互联网技术的广泛应用，让金融科技和互联网金融成长在相似的金融生态圈中，两者聚合了越来越多的共同点。虽然两者从本质上看，金融科技是金融领域科技的创新，互联网金融是金融领域商业模式的创新。但是随着金融基础设施的日益完善和数字共享生态圈的逐步形成，金融科技和互联网金融必将从商业模式上衍生出更多相同的业务形态。

日新月异的金融科技领域还拥有仅被非银行金融机构掌握和利用的独特技术，尝试区块链等新兴技术对金融机构、科技企业从事金融业务进行实时、有效、去中心化的公共管理，依赖于私有区块链的权限设置，也需要对于不同的监管对象设置相应的管理规则，从而推动其健康有序地发展。

金融科技的兴起十分突然，但背后隐含的是较为确定的逻辑：首先，移动互联、云计算、大数据、区块链和人工智能几个重大方面的技术已经相当成熟或已经取得重大突破，经过检验，不论在成本和性能上都足以支撑商用；其次，金融业本身属于承担资源配置效用的顶层应用，不同于其他商业领域的应用，其自身数字化程度已经很高，数据和技术方面的突破非常容易给行业本身带来代际重构；最后，比较其他行业，金融类应用的门槛和回报依然较高。

强调以科技手段对金融服务进行改造和颠覆，而不是互联网化，是金融科技的核心（见图1）。不但旧有的以人为媒介的规章和流程控制可以由技术全面取代，甚至风险、回报、流动性和产品设计，这些金融业的核心问题都可以通过数据加技术的方式解决，从而最大限度释放社会资源。如果说互联网强化了原有的信息流转渠道，那么金融科技将可能打破原来以人际关系维系的渠道和商业模式，通过在统一的数字化资本平台上，针对基于资金本身的属性进行配置、风控和产品设计，从而省略传统模式中不必要的中间环节，继而提升金融整体服务效率、降低成本。

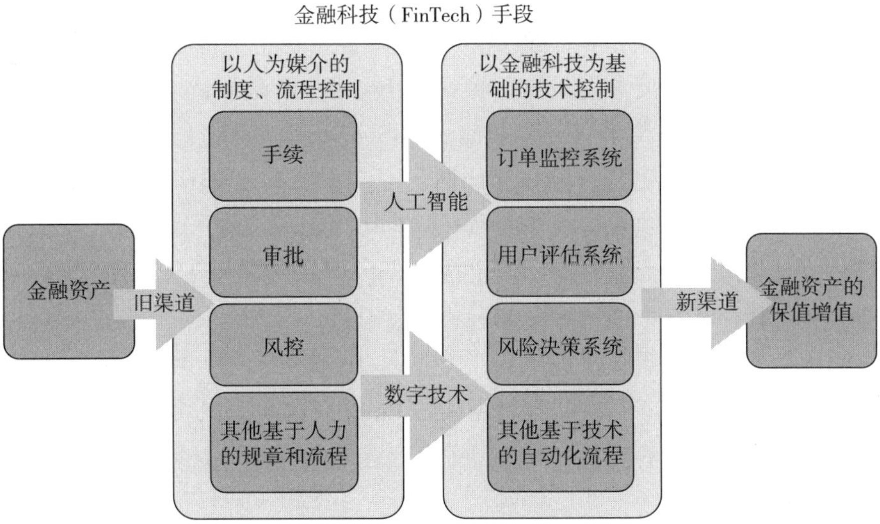

图1　对旧有金融渠道的重塑

在金融科技化的推进过程中，除了大型金融机构和互联网巨头外，在数据应用和核心技术上占据优势的科技类公司将成为新的一极。大数据得以蓬勃发展，得益于底层软件技术对海量非结构化数据存取障碍的破除，云设备也为海量数据提供了硬件载体。数据挖掘和模型开发的能力持续强化，深度机器学习的核心算法取得飞跃式突破，使得多维度对人工智能进行培育成为可能。区块链技术彻底改变了线下业务的层层环节，在信用流转的过程中最大限度地去实现多中心化和去中介化，最大限度降低成本。

	1.0 金融业务信息化	2.0 金融产品创新	3.0 货币及资产革新
技术驱动力	· 银行和保险核心软件系统的应用 · 互联网普及	· 移动支付普及 · 大数据、机器学习技术的应用	· 比特币等电子货币的发明 · 区块链技术的应用
主流模式	· 直销银行 · 金融超市	· P2P网贷 · 大数据风控 · 智能投顾	· 基于区块链的结算系统和交易所 · 电子货币
代表公司	· Bankrate · ING DiBa（荷兰国际直销银行）	· Lending Club · Capital One	· Nasdaq-Linq · R3

图2 金融科技发展阶段

（三）区块链金融的演进

随着区块链作为金融底层架构的应用，基于区块链的支付、清算和交易得以实现，并将大大提升现有金融体系的效率，增加其完整性和安全性。

区块链的主要应用在于支付、汇款、信贷、交易和保险等金融领域，在记录保存（如产权版权、电子病历等）和智能合约领域也将被广泛地应用。区块链驱动的金融创新也逐步从资金端向资产端和非金融端蔓延。

区块链的技术形态和商业模式的发展演进分成了三个阶段：

第一阶段是私有链的技术服务，花旗、UBS、VISA、蚂蚁金服、华为、京东等领先的金融机构都已内部组建区块链技术团队，更多的机构会采用外包的形式，委托区块链技术服务公司帮助搭建机构内部的私有链应用。

第二阶段是联盟链的商业服务，在全球范围内区块链联盟R3已经接纳了40多家金融机构会员，其中包括中国的平安银行和招商银行。

第三阶段是基于公有区块链的平台，是指基于比特币/以太坊/HyperLedger等公有区块链开展独立的平台业务，比如支付领域的Circle。这类以区块链为技术基础的新兴公司与现有平台公司以后的竞争格局值得关注，比如Circle与PayPal之间以后的竞争。

（四）融合

我们可以看到，区块链金融的本质即依托区块链技术维护数据货币记账和交易记账的账本数据库，实现更低成本、更高效率（区块链技术的性能与中心化技术相比仍存在差距）的资源配置和风险控制，达到或无限接近信息流、物流和价值流的一体化管理（三流合一）。

目前，区块链技术已在实践且广泛推广的方向，首推国际间结算。过去因为各银行的集中系统没有打通，需要向支付方充分确证交易账户的支付能力，并走专门通道和协议保证支付的完成，周期和成本都居高不下，尤其在大额交易方面还需要缴纳押金。区块链的应用可以在全球范围内的银行间省略信用确证的过程，以技术来保障支付能力并在保证交易安全的基础上使成本最小化，银行在清算结算方面的业务模式可能会被完全颠覆，直接受益的银行间结算清算的成本大大降低。

区块链技术为解决货币体系存在的问题亦做出了尝试，尽管从目前看仅解决了部分问题。严格地讲，区块链不是一种新“技术”，它使用的都是现成的信息技术成果，但是引进了数学上的非对称加密，从而创造性地实现了去第三方信任，以比特币为代表的基于区块链技术的数字密码货币，解决了三个问题：（1）货币总量的控制；（2）流通的方便性；（3）流通的安全性、可信性。但似乎还未解决剩下的两个问题：（1）发行方式；（2）可调节性。

其实，这两个问题是联系在一起的，因为能够调节货币总量的那个主体（比如中央银行），肯定也掌握着发行方式（否则无从调节）。但是，比特币体系不存在这一主体，它的发行权是分发给所有参与者的，看谁的矿机算力大，谁就能“挖到矿”，也就是获得初始新发的货币。于是，比特币最初是发行给了那些拥有一堆矿机的人。比特币的货币总量会在某日停止增长，不能通过短期增减货币量来调节经济。这意味着，基于区块链技术的数字密码货币虽然出色地解决了流通问题，但没有解决发行方式问题。中国人民银行已开始研究数字密码货币，并且在未来有可能引进基于区块链技术的数字密码货币，可以解决电子现金的流通问题，但发行体系仍然保持现状。

区块链金融的发展方兴未艾，更多地参与公司、更广泛的应用将会越来越多地来到我们面前。对金融和金融科技的相关参与者来讲，如何把握机会占据一席之地，既是挑战，更是机会。

（作者系井通科技 CEO 和 MOAC 区块链创始人）

区块链——定义生产关系的新技术

黄晏清

井通科技是中国最早开始区块链底层技术研究的公司。可以说，要探索区块链在中国的发展史，井通占有重要的地位。早在比特币出现两年多之后，井通初创团队就开始对其展开了解和探索。井通的创始人周沙带领团队开发出全球第一台28纳米单机整T算力的比特币矿机，同时也考虑在比特币的系统上做应用开发。在这些实践和探索后，井通很快发觉还是应该自己做一套系统，才可能满足新技术去结合实体企业做商业应用赋能的底层性能需求。虽然当时就明白过程会很艰难，但这是必由之路。

从2013年起，周沙带领着10余名华人科学家在硅谷开始开发具有自主知识产权、可商用的区块链底层技术，到2014年6月，井通的底层区块链技术基本成型，并在中国成立公司。同年10月，井通区块链主网上线，并产生了第一个创世区块。井通当时并没有考虑与以太坊在全球市场上去进行竞争，主要考虑要先立足中国，结合商业应用做一些事情。除了技术方面的创新，井通的创始人2014年已经开始着眼如何用区块链服务“一带一路”。周沙认为：“‘一带一路’会形成一个以中国经济体为核心连接周边各经济体的庞大市场，需要像电网、高铁这样的基础设施，也需要支持强大经济体的金融基础设施。而目前看这方面确实还比较薄弱，需要拿出一个解决方案来。”他认为，相对于SWIFT、CIPS这样传统支付方式，区块链能够更好地满足人民币跨境支付的国际化需求，可能成为下一代的跨境支付技术。创立井通的目的，同时也在于跟上区块链新技术浪潮，更好地发挥金融服务实体的职能，探索实现在中国及周边范围内的场景落地，致力于构建一套稳定、高速的价值互联网公链。

井通的技术从一开始就是针对中国的企业应用和监管环境量身定做的。第一，我们领先市场两年就提出了有效去中心化的概念。我们认为，去中心化和中心化的关系应该如同“阴在阳之内，不在阳之对”，是相辅相成和对立统一的。有效去中心化相对于以比特币为原型的完全去中心化网络，其核心就是如何在保持去中心化带来的可靠性的同时，避免其在效率方面的不足。对于采取随机拜占庭容错算法的井通公链来讲，该平衡点可根据用户需要进行灵活调节，系统更能满足不同用户的需求。第二，井通链一开始就采用了实名制，并且支持国家商用密码管理局指定的SM2、SM3等国密算法。IBM的总裁说区块链技术远比人工智能和深度学习更重要，我们对此也有自己的理解。同许多有识之士一样，我们也认为区块链是将来社会的底层设施，它是定义新的社会关系和新的生产关系的一项技术。

这样的认识能在历史的进程中找到相应的注脚。第一个案例是在大航海时代，最早的西班牙无敌舰队通过国家设计建造舰队，去外面做贸易和掠夺，形成了一个西班牙帝国。但它后来被荷兰代替了，这是怎么做到的？荷兰这个国家当时有个特点，就是国家挺穷的，但是普通公民挺有钱。他们设计了类似于有限合伙公司雏形的规则，让所有老百姓像 LP（有限合伙人）一样作为出资方，由国家出面选择社会的精英，作为舰队经营者出去开展贸易和开拓市场。通过民间经济的加入，运用民间经济作为杠杆的办法，就在竞争中把西班牙无敌舰队淘汰掉了。这是旧生产关系，是在社会范围内进行资金配置、人员配置加上利益再分配的过程。

第二个案例是公司制的产生和发展。最早整个东方，包括中国、中亚、阿拉伯国家是世界经济繁荣的中心。后来因为蒸汽机的发明、文艺复兴和工业革命的浪潮，世界经济繁荣的中心转移到了西方。在第一次工业革命的时代，中国典型作坊形态的生产关系很难做大，而西方生产力提高了，各种新动能加了进来，新机械、新发明的加入产生了更多的新产品。能够投入生产进行协同工作的团队越来越大，现代公司制的雏形就开始萌芽。公司制度是当代最典型生产关系，正是它的出现，确保了产品生产的机构能够突破小作坊的市场低覆盖和生产能力受限。在它的影响下，西方的蒸汽革命逐步超越东方小作坊经济形态，甚至可以说为文艺复兴提供了滋生的环境。

历史车轮再往后走，随着公司的发展和生产力的进一步提升，大型现代公司出现了。最具有代表性的大型现代企业是福特公司，它提出了工人的八小时上班制、每个月领月薪的制度，还有双休和加班的概念。这些制度同其他许多福特公司的经营方法一同形成了当时的新生产关系。

未来会是什么样，我们做个畅想。现在大家都被各种各样的数据所包围着，每天暴露在海量的信息之中。我们把阿尔法狗等技术称为人工智能。我们认为人工智能和大数据是新的生产力，在这种新的生产力之上，需要新的关系。而它为什么是区块链呢？因为巨量的数据形成生产力的基础，即生产资料，而以巨量数据做统计分析，最重要的是数据的真实性。

区块链作为数据的存储、确权、流转的底层技术，可以保证链上数据和链上流转后数据的可信。即使区块链无法保证链下到链上的真实性，但可以保证链上数据是可溯源的，不管做多少次流转和交易，永远可以溯源到最初，找到问题数据的入链者。我们很难消灭犯罪，但可以对犯罪加大惩罚。可以溯源到是谁犯罪，就有基础去设计制度，以减少犯罪、假数据的来源。所以我们认为，区块链是未来数据和人工智能时代新生产关系的一项底层基础技术。

未来，随着物联网、车联网的普及会出现各种各样的联网传感器，直接产生线上数据，而不再是线下数据向线上数据的导入。再加上游戏端虚拟资产、虚拟装备，更多数据直接链接区块链，更能保证数据的真实性。

区块链改变未来的生产关系的一个切入点是社区。井通曾经落地过这样的应用：

区块链社区形成的生态，加上激励机制，可以让产品用户和消费者成为产品的积极销售者。在这种新生产关系下，经营、生产、研发、销售等环节的人们同消费者在一个社区里，通过智能合约约定的各种模型的激励，愿意积极为社区繁荣作贡献，而且也可以分享社区繁荣和产品市场扩大之后的增值。

让我们把眼光从未来拉回到现在，了解一下区块链的特性：

1. 公开性。区块链中存储的信息对于所有参与者是公开共享的。在联盟链的环境下，信息可以只对联盟中的节点做公开共享。

2. 安全性。信息通过数字加密技术保存，只有持有私钥的成员才能解读和使用。

3. 唯一性。区块链上存储的信息是不可更改的，既包括空间上的唯一性也包括时间上的唯一性。

4. 统一性。解决互联网上双重使用的问题，数据一致性通过共识算法实现。

5. 独立性。这里说的独立性，是系统自身的独立性，不需要依赖第三方的背书来实现可信，实现了不需要中央权力机构或者第三方验证交易可监管行为的特征。

在当下的条件下，最能体现区块链这些特性的场景是积分互换。传统的积分模式是连锁超市、银行、影院各发各的积分，每个用户有多少积分分别储存在不同数据库服务器里，这些数据库就成了一个个数据孤岛。当人们想相互之间进行交换的时候，本应由中心化的积分互换平台，把各家的数据全部抓取到兑换平台自己的数据库里面做集合，用户就可以在这里面实现积分互换。但这么好的应用为什么没有广泛落地呢？原因就是信任问题。连锁超市、银行、影院都必须相信这个兑换平台才能实现。如果不相信这个平台，担心它超发自己的积分，就无法达成共识。区块链的解决办法是所有商家共享一个积分账本，所有人发出的积分都直接记录在区块链上，通过区块链的不可篡改性，形成相互信任，形成可信积分数据。这样的互联互通就实现了积分共享，就可以直接做不同积分的撮合交易。如果大家把这里说的积分换成数据，等于打通了一个个数据孤岛的大数据共享平台，如果把这个积分换成不同国家的货币，也可以使不同货币之间得以撮合实现汇兑。

近期使区块链真正落地的应用，大多在存证方面，解决信任问题是区块链在现阶段最大的功能。

那么，除了目前这些存证业务外，十年内还有什么业务场景是可以在区块链领域里布局的呢？

我们认为至少有这三个领域值得去布局：

第一，价值互联网的共享经济领域。既然区块链可以实现积分的互联互通，那么在未来，我们所有的资产，包括房子、汽车等实物的资产数字化，网络中的虚拟数字资产都可以通过区块链实现可信的流转互换。大量资产数字化并实现可信共识后，与未来更加成熟的AI技术结合，人们的生活中也许会出现更多物物交换的场景。这种P2P的物物交换可以在时间上再颗粒化，在使用权和所有权上做分层处理，由此带来整个社会的共享经济新生态。货物交易的便捷性一定会带来新的繁荣和新的业态。这就如同在历史上贸易的便捷性促进贸易的繁荣，在商品集散地出现城市一样。以物易物的方式比传统电商更加便捷，通过区块链技术建设的新型平台不仅可以实现商品和资产的可信和流转，还能体现人们购物、数权和销售活动带来的附加值，在社区里面予以激励。这种场景的出现会在经济上产生新的蛋糕，而且会越做越大，而不是像传统经济业态技术升级一样，本质上只是传统的蛋糕重新分配。

第二，产业互联网领域。互联网发展到今天，产业数字化最大的难点是企业的自有信息不能进行行业共享，由于信任问题导致了各种数据孤岛，出现整个产业的供求关系的不平衡。区块链的应用会在不同的行业中产生相当有趣的化学反应。

举个例子，迪拜有一栋在建的大楼就采取了区块链的技术解决方案。业主精确计算出需要多少沙石、玻璃、钢筋、水泥等，再把这些单项全部数字化之后挂在了业主的采购平台上，供应商就可以通过拍卖竞价并交纳相对应的保证金来获得该项目对应标的的供应权。获取供应权的供应商还可以把数字化的标的再次转包出去。这样就减轻了生产企业为了竞争各个标的，先行生产产品造成的产能过剩和生产线过剩配置的问题。

我们针对药品流通行业的药品交易所业务场景也设计了一套类似方案。现在药品销售搞两票制，药品不能在药品代理（以下简称药代）之间做流转后再卖到医院，必须是药厂到药代到医院。这样的模式让药代资金压力很大，其实他们的效益是很好且稳定的，药交所想给其贷款，帮助其周转，但是又担心有骗贷情况。越是需要贷款的小公司，越不敢放贷。我们的方案提出了一个覆盖药品销售全行业的模式。药交所指定一种可以用于给药代放贷的通证，这些通证是药厂企业售卖药品专用的。这样就限制了药代的使用。虽然不能杜绝买来的药品再到黑市卖出，但是肯定需要折价，这使得犯罪成本提高了，降低了犯罪的概率，提升了犯罪的难度。药厂用区块链的技术，可以秒级用销售获取的 Token 到药交所变现法币。通过这个系统，同时还能实现信息流、资金流、物流的三流合一，并可溯源。

这种模式可以是产业互联网结合区块链的一个基本雏形。让我们大胆地畅想，十年甚至二十年后，这个雏形会成长为中国各个行业都会形成的产业链，产业链由多中心的节点做共识，每个节点之间又有它跟法币之间的法定通道，通过法定通道，行业经济产生的价值才能和法币互换。这种模式还能更好地杜绝国家投向高科技、中小企业的钱去了房地产、股票和基金这类热点行业，做到真正的定向刺激。

第三，与大数据的结合。大数据我们分为三类：

1. 政府数据的开放共享。政府希望让百姓实现办事少绕路，少一些无谓的证明。如果用区块链技术，不同政务部门把数据都放在链上，实现不同部门的数据信息互联互通，百姓办理政府相关业务时，只需要去办理部门，通过私钥当场做一笔交易，证明你是私钥的所有者，办理部门工作人员拿着这个哈希值去链上调其他部门储存的你的相关证明信息，就能知道你是谁。这让办事变得更简捷了。

但是这个系统同样有很多需要探索的细节部分。我们与贵阳政府在这方面的探索过程中，发现最初的想象是简单的，实际落地到可用、安全、优于传统的方案，还有很多细化工作需要去做。比如，如果将所有信息都放在政务联盟链上，会产生安全问题。所有节点都有所有部门的信息，黑客攻击任何一个节点，都可以获得更多政务信息，危险性比传统模式更大。这个问题的解决途径有多种，包括不同部门把各自信息存储在自己的服务器上，但是把它的哈希值放到政务链上，用户通过哈希值做指向再到对应部门拿令牌或者私钥可以解读里面的信息。

2. 社会数据，更多的是行业数据的开放共享。由于隐私保护和数据真实性的问题，同一行业的不同公司是不愿意把数据拿出来与同行业其他公司共享的。但使用区块链的方式后，这个情况发生了变化。企业可以把敏感性的数据存在本地服务器，把非敏感性的数据做分类整理，分类哈希，然后把分类哈希后的归类数据上链，就能实现行业数据的大数据分析。同时，区块链可以在激励端把大数据分析产生的价值合理地分配到数据提供方，让企业更有积极性提供数据，供行业分析。社会数据也是如此。

3. 个人数据的开放与共享。这个话题一直是与个人隐私保护和数权保护紧密相关的。未来，可以实现个人数据保存在个人端，只有个人授权，才能被机构用于其他业务和分析。前段时间曝出来 Facebook 等企业盗用企业网站里的个人的数据，这些侵犯隐私的事情就会慢慢倒逼社会和企业，把个人信息还给个人，包括身份数据、细节数据、购物数据等。个人是自己创造数据的拥有者，而不应该由互联网平台企业拥有你的数据。个人拥有个人数据的所有权的同时，可以授权外面的数据公司使用我的数据，把数据的使用权有偿提供给企业，甚至是将分类整理后的哈希数据提供给需要的企业。那么使用个人数据的企业就要给个人回赠和激励。

区块链的数据应用第一步是数据确权，第二步是数据整合。整合后的数据在哈希之后放到区块链上，就可以使用哈希之后已经整合的数据做数据分析。这样就隐藏了数据来源，从而做到隐私保护，并可进一步通过社区建立共享机制和激励模型。我们的物流区块链项目就成功地通过加密机制和分配确权进行用户数权和隐私的保护，并对行业上下游的订单需求进行智能撮合。

我们也发展了娱乐众筹的区块链项目。对参与众筹的粉丝，可以给予不同的令牌，有的令牌拥有者未来可以作为免费的观众，有的可以获取利润分配，也可以得到产品的周边，都可以写到智能合约里并进行绑定。通过这些模式，也可以触发粉丝更好地去推广娱乐项目和销售娱乐项目的周边产品。

回到区块链底层技术的话题上。区块链技术演进到今天，人们最关心的就是这项技术如何能够赋能实体产业，让生活变得更美好。2014 年可以说是中国区块链行业发展的元年，那时候我们认识到一定要做联盟链。但是，联盟链怎么结合形成公链，真正在全社会范围内，跨企业跨行业实现互联互通？我们提出了一个思路叫联盟公链，并尝试把它的查询权从联盟节点开放到所有人，这样有点类似于今天的 EOS 的模式。但这超越了 EOS 的模式。我们还考虑到共识节点的数量和共识节点的被选定权，在技术、算法上采用 RBFT（随机拜占庭容错），以克服联盟链另外一个弱点——节点数量较少。目前市场上联盟链项目的通常状态是有 20 个节点，超过 20 个节点 TPS 就会不稳定。而我们用随机拜占庭容错的算法能够做到在 250 个节点内，保证 TPS 稳定在 2000 到 5000 性能。目前我们通过节点计划能做到的节点数是近 100 个，TPS 稳定在 2000 到 5000。

随着对技术发展的跟踪和理解，技术思路延续到了挖矿模式。从比特币和以太坊的情况看，这种模式在西方更被认同，普遍被认为是经典的公链模式。于是硅谷技术团队在美国也开发了一条 POW 的公链——MOAC。针对以太坊为代表的公链性能低下的现象，MOAC 提出了“链通”的概念。以太坊低性能的原因有三个：一是本身的底层技术，P2P 通信协议做得不太好。二是它现在有很多负担，既得利益团体里有很多老矿机，使每个区块容量不容易改大。三是它现在把智能合约和底层 TXT 账本交易层绑在一起，智能合约采用同步调用，即一个智能合约必须在相邻两个区块里面完成。井通和 MOAC 则做了异步调用，任何智能合约以及智能合约生成的指令概念都可以是异步区块调用的，不需要在相邻两个区块里面解决。井通和 MOAC 还在先分层的基础上实现了分片，极大地提升了公链的稳定性和 TPS。

“链通”概念得以实现的主要改变是在技术上对底层做分层的架构。我们目前采取分层之后，公链共识底层只做交易的 TX 账本记录，上层负责智能合约和子链。目前主网上线已经可以实现底层 TPS 1000，这是实测的结果。上层是智能合约和不同子链，不同子链各并行运行，子链和侧链的形式不同，侧链是中心化的模式，子链自身又是一条独立的链，链上信息和哈希值由子链在设定时自定义同步到母链，使它和主链交互，且子链的共识算法采用可以自定义的插拔方式，子链项目方可以在创建子链时自行选择共识算法。因此，在 MOAC 的子链上就能实现无币区块链的搭建服务和技术提供，这更符合国内的区块链发展需要。

MOAC 上的每个 DAPP 应用都可以形成一条自己的子链，子链通过 MOAC 的架构，可以在母链实现不同子链和子链之间，以及子链和母链之间链通的概念。目前的子链上面的 TPS 可以达到 5000 ~ 10000，而不同子链之间是并行的状态。

井通参考 MOAC 子链的经验，对以 RBFT 为共识机制的井通底层也进行了升级迭代。把非同质令牌与 IPFS 技术与井通底层集成，实现多种类资产上链存证可流转的无币区块链解决方案，进一步降低实体企业使用区块链技术的成本和技术门槛，强有力地推动产业互联和赋能实体经济。

（作者系井通科技 COO）

区块链技术构建电子票证发展新生态

崔永生

随着我国互联网技术和信息化建设的不断进步，传统票证行业应用客户如银行、保险公司、企事业单位等纷纷向互联网发展方向转变。2013 年，东港股份就已经看到这一发展方向，未雨绸缪，成立了北京东港瑞宏科技有限公司。这是国内最早从事电子发票研发与推广的公司。东港瑞宏以推动我国电子发票事业的发展为己任，在国内最早研究、研发出电子发票产品并成功开具出国内第一张电子发票及第一张增值税升级版电子发票，并与清华大学成立了电子发票研发中心，是国内第三方电子发票服务平台市场占有率最高的也是开票量最大的平台，并多次创造了不同行业或地区的第一张电子发票。

近年来，传统票证的使用，如纸质发票、财政票据、证照等逐步转化为电子发票、电子票据和电子证照，通过信息化系统的建设来带动各领域的快速发展。比如，以前移动、联通、电信三大运营商全部使用纸质发票，现在全部切换为电子发票，发票的开具全部转为在网上或者移动端营业厅由客户自助申请开具和下载。再比如，现在餐饮结账后开发票，消费者自己扫描结账单上的发票二维码，就可以自助进行发票开具。发票、票据、证照等电子化的趋势日趋明显，转化步伐也越来越快。

2013 年 6 月 27 日，国内第一张电子发票在东港瑞宏网开出，当时国内对于电子发票领域还比较陌生，第一张电子发票是为时任北京市副市长程红在京东商城购买的一本《中国梦》而开具的。2014 年 6 月 27 日，电子发票开具一周年后，我们在中国人民财产保险股份有限公司（PICC）实现了中国第一家金融保险业务电子发票入账，打通了从发票开具到发票报销的全流程电子化。2015 年 7 月 31 日营改增以前，国内仅有东港瑞宏一家企业在研究与推广电子发票，营改增后电子发票纳入增值税发票管理体系后，才陆续有其他厂商参与电子发票业务。

东港瑞宏建设的电子发票服务平台“瑞宏网”是围绕企业、个人、政府这个群体打造的门户平台，包含开票方和受票方，电子发票的开具和传递都是在网上进行的，平台提供发票开具服务、云打印服务、推送通知服务、发票数据存储服务、记账服务等。目前，电子发票存在重复打印、重复报销的问题，受票企业拿到电子发票后，第一次打印并进行了报销，过了一两个月后，如果有人再次将该电子发票打印一份拿到财务报销，财务人员很难发现该发票已经报销过了。瑞宏网提供电子发票记账服务，企业将电子发票报销后，将发票入账信息反馈到瑞宏网，如果此发票再被下载并进行入账，系统就会提醒财务人员该发票已经入账报销，目前采取的是财务人员通过扫码设备扫描发票左上角的二维码，如果此发票已经入账了，那么就会提示该发票已入账。当前处理方法是过渡方案，未来发票的入账报销全部通过网上进行，由瑞宏网为企业提供电子化入账报销服务。

目前各行各业都已经或多或少地在使用电子发票了，最早的时候电子发票是从电商行业开始使用的。以京东为例，单就印制发票的成本，一张就要一毛多钱，然后发票打印需要聘用专职人员处理，进行 7×24 小时服务，发票还要邮寄，发票存根联要专业库房保存 30 年，因此后续成本非常大，一张发票的成本会增长十余倍。发票管理成为电商企业的痛点，因此第一张电子发票的诞生是在电商行业。目前电子发票从电商领域已经扩展到公共事业、电信、餐饮等各行各业，电子发票已经成为合法化的载体。

从 2016 年开始，我们一直在考虑电子发票和区块链的结合，电子发票本身的特点是商事交易凭证，交易凭证不能篡改，为什么从前假发票很多，因为假发票的核心问题还是篡改发票本身的信息，而电子发票的开具，本身对不可篡改的要求是非常高的。发票像一张照片一样，从开具那一刻起就相当于拍了一张照片，产生了这张发票，未来就应该不可更改，我们将发票的特性与区块链的去中心化、共识算法、分布式广播的特点相结合，在 2016 年、2017 年进行区块链电子发票技术的持续性研究，并在 2018 年与井通科技一起专门成立了区块链电子发票实验室，真正实现了电子发票上链落地。

电子发票诞生后，随之出现了很多第三方电子发票服务平台，服务平台之间的数据尚未互联互通，电子发票明细数据与版式文件数据分别存储在各电子发票服务平台上，形成电子发票数据孤岛，电子发票入账报销所需数据需要到不同服务平台去获取，给企业、消费者带来了许多困扰。一个是我们基于区块链技术的可信和共识机制等特点，以区块链技术为支撑构建电子发票的互信生态，形成一个联盟链，对节点之间实现区块链的互信机制，对于任何一张电子发票如果在公共账本上进行报销之后，每个节点都可以看到这个发票的状态。另外一个是基于区块链本身开展的研究，目前电子发票、纸质发票开具都离不开税控设备，即税控盘和金税盘。企业采购税控设备成本很高，像联通电信这类大企业购置税控设备的成本就高达数千万元，每年还有高昂的服务费用成本。那么买这个设备的原因是什么？就是国家为了控制发票信息的安全。这个安全本身的核心技术就是防伪和加密，使用国家相关机构认证的身份认证和加密算法，对发票数据生成密码区。目前区块链技术本身就具备身份认证和加密技术，我们从 2018 年开始与井通合作，在区块链平台上做了电子发票开具上链的开发，这是对区块链电子发票开具的创新和探索性研究。

目前，我们在实验室里搭建了基于第三方平台、自建平台、开票企业、税务局流转的全生态电子发票服务生态链，实现了所有技术的落地，我们会努力推动这个行业生态的发展，这个链未来也可能会成为行业标准。

除了发票以外，财政电子票据、电子票证等也可以通过区块链技术解决其现有的诸多弊端。比如，财政票据和纸质发票一样也需要印制、打印、邮寄等；对于票证来说，如企业营业执照、出生证明、四六级考试证、舞蹈证等类似证照都需要打印，使用时需要随身携带并查证，并且需要长期保存，一旦损毁或者丢失，补办手续也非常烦琐。这些业务都是东港集团的优势，我们会积极利用区块链技术，实现这些业务在链上的推广应用。

总结起来，东港瑞宏对区块链应用的落地研究主要可归纳为以下两点：一是对电子发票、电子票据这类票据类产品来说，利用区块链的技术实现电子发票、电子票据的开具、查验、存储、报销、入账、存档等各环节，通过公共账本和共识算法来保证其可信流转和应用；二是在电子票证领域，利用区块链技术实现在证照发放时，将发证信息上链，证照在互联网上就可以随时获取，使用时仅出示电子证照，验证方可在线查验，不需要持有人携原件备查，查验记录也将永久保存，保证电子证照类业务的上链应用。

最后，东港瑞宏在实践中会持续推动区块链在电子发票、电子票据和电子证照方面的发展，不断丰富其应用场景，利用区块链技术打造业务应用新生态，让整个社会共享新技术、新应用带来的社会红利。

（作者系浪潮集团商用公司副总经理、东港瑞宏科技有限公司总经理）

区块链 3.0 赋能实体经济

钟 宏

区块链是由三个圈组成的，即币圈、链圈、产业圈。技术力量、产业力量和金融力量必须结合在一起才能真正服务实体经济。区块链 3.0 在技术方面希望推动区块链 3.0 技术的发展，而且这个全新的技术未来一定是基于物联网。将来不仅仅是人在使用区块链技术进行交易和结算，而且是在每个设备、物品与物品之间进行智能化结算，这在工业 4.0 等方面是有巨大应用空间的，包括我们讲的物流链等，将来很多东西都不需要人为参与进来，智力不再是人参与的智力，而是基于人工智能自动化的智力、自动化的交易。

最近，在区块链产业，国家层面上出台了非常强的监管政策和措施，整个产业最近很茫然，不知道下一步的方向在哪里，清华 X－Lab 从 2018 年 8 月提出区块链 3.0 赋能实体经济的概念，目标是把区块链技术真正应用于实体经济，为产业服务，我们认为国家应该关注并出台相应的支持政策。例如，海南省 2018 年就有建立区块链研究院、获取数字交易牌照的想法。

今天，无论是基于智能手机、移动互联网的发展，还是基于加密数字货币的发展都是基于互联网底层的创新，都带来了非常大的机会。苹果公司到今天已经在全球销售 12 年 iPhone 手机，据统计，2018 年共卖出手机 14 亿部，带来 10000 亿美元的市值。技术创新成就了伟大的公司。中本聪开创的加密数字货币在 2018 年初最高达到了 8000 亿美元的总市值，已接近苹果公司。这还只是区块链技术在纯粹虚拟数字货币领域的应用，我们相信，未来区块链技术的价值不可限量。这两个案例都是技术带来的全新产业发展。但是，数字货币如今面临特别大的挑战，从 2018 年初 8000 亿美元市值跌到现在 1000 多亿美元，到底发生了什么？大家都觉得区块链技术代表未来，为什么区块链产业 2018 年发生这么大的变化？

全球各个国家都对加密数字货币逐步加强了监管是造成全球数字货币市值下降非常重要的一个原因。但是更重要的是行业内在的问题，我们讲区块链产业包括链圈、币圈、产业圈。链圈代表技术，区块链技术发展遇到了瓶颈，技术创新是整个区块链产业发展的引擎，技术“瓶颈”如果不能突破，不仅数字货币市值还会继续下跌，长期来看由中本聪比特币案例带来的对区块链技术的信心可能也会土崩瓦解，所以技术创新是核心，如果没有这个支撑，数字货币、数字经济、数字治理的未来都只是一场梦。

币圈今天发展出了非常多的问题，必须强监管、严监管，甚至我们觉得现在的监管政策在利用区块链概念进行非法集资、传销，应该出台更强硬的监管。太多人打着区块链技术的招牌做很多违法的事情，如果不能让市场出清，行业不可能迎来真正的春天。

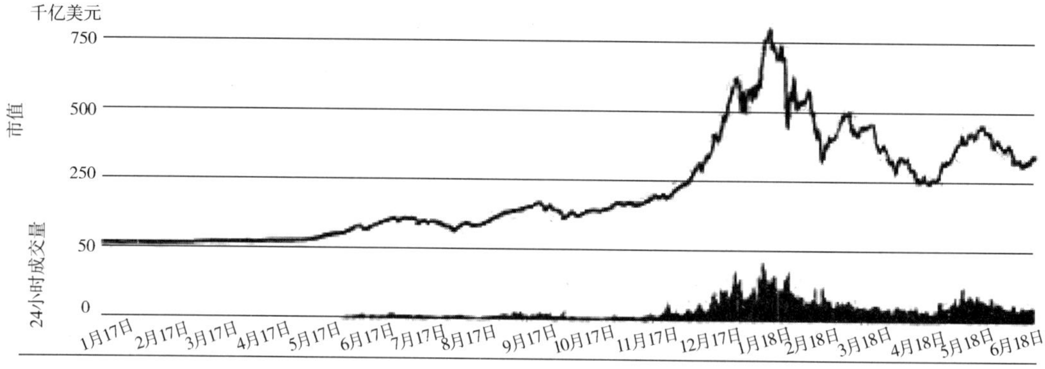

图1 全球数字货币总市值走势

说到产业圈，区块链到现在有两个大规模使用的成功应用案例：数字货币中的比特币和以太坊。另外，区块链在产业中有些行业性小范围应用的案例，这给区块链的大规模商业化、规模化应用带来了一些不确定性。如果不能突破，区块链产业的价值还会归零。

盖特纳（Gartner）2017年7月在发布技术成长曲线时已经提到，区块链技术在应用当中进入了第一个高峰之后的下行阶段。这是2017年的判断，区块链技术的成熟度在接近谷底，甚至还没有到谷底，可能还需要一段时间，未来区块链技术真正能到大规模生产性周期估计至少需要1~4年。

下面让我们回顾一下区块链发展经历的几个阶段：

第一个阶段1.0比特币，这是基于程序算法产生的数字货币，定义为Coin。第二个阶段2.0以太坊，Vitalik说：我要做全球计算机，基于智能合约每个人都能发布自己的数字代币或者叫通证（Token）。未来3.0是什么？2018年正好是区块链技术发展的第10年，第一个5年产生了比特币，以太坊是2.0，那3.0是什么？我们发现一个大的问题，我们之前讲的无论是Coin还是Token都是计算机产生的纯虚拟的数字资产，通过区块链技术能够被确权，但是到现在没有解决的大问题是没有办法与真实世界打通，都是纯粹虚拟的。如果我们能够让真实世界与数字世界的资产真正映射起来，未来想象空间是多么大？

还拿苹果举例子，苹果卖了14亿部手机，每一部手机都能发一个数字票证，能够一一对应上，苹果10000亿美元的市值就会加入数字资产整个大池当中，数字货币总市值就不会是2000亿美元不到的市值了，所以今天最大的鸿沟是数字世界和真实世界没有打通。我们讨论的是，包括清华大学很多院士在内的人士做底层的创新，如果能在技术上有所突破，真正让每个资产在数字资产上映射，这个东西就很有想象空间了。

我们给区块链 3. 0 做了定义，认为未来区块链 3. 0 应该是能够链接真实世界和虚拟世界的价值路由器。未来区块链 3. 0 可能要进入数权资产时代，每个真实世界资产都能够映射到数字世界当中产生一个数权凭证，这个数权凭证代表资产的价值，而且这里面要进行合规合法性的产权确认。以此为基础，能够进行计量存储，从而实现权益在两个世界之间的传输。

区块链 3. 0 需要哪些共识性的支撑？从技术维度上看，区块链 1. 0 是比特币，这个技术存在巨大的瓶颈是需要挖矿，产生巨大能耗。大家知道，比特币所谓的矿机是没有实际价值的运算，相当于是玩赌博游戏，但是要耗费多大的电能？它的电能消耗可能已经接近全球 1% 的电力，这是不可持续的。

2. 0 主要问题是供应链技术的“瓶颈”。以太坊每秒是 15 笔交易，Uber 是全球最大的打车软件，它每秒是 12 笔交易。也就是说 Uber 算力放到以太坊，以太坊基本上要拥堵了。当以太坊出现拥堵时，一笔交易最高费用达到一个人花 1. 5 个以太坊，当时价格是 3000 元人民币一个，也就是说花 4500 元完成一次银行转账，这对银行系统是不可理解的事情。但是这方面反映了投机性很强，也反映了技术严重的不成熟性，在大规模金融应用里面完全不可能支撑。

当中兴事件发生后，我们是应该警醒了。可以看到，核心技术不掌握在自己手里是多么可怕的事情。而现实是，我们手机里的操作系统，移动时代操作系统 IOS、安卓，全是美国的。对技术创新必须给予更大的支持，目前对这件事情的重视程度严重不够，特别是在国家、政府层面严重不足。国家主席习近平在两院院士会议上提过“区块链”这个词，但是对于区块链技术底层，中国对自主研发的重要性认识严重不足。区块链底层技术是未来的操作系统。PC 端让给了别人，移动互联网也让给了别人，而今天在区块链技术上我们是有机会的。

同时应该看到，区块链的瓶颈是严重的。区块链串行和挖矿结构都是重要的缺陷，区块链底层数据结构 3. 0 阶段也许不再是区块加链，而可能是类似 DAG 有向无环图网状的数据结构，只有这样才能实现高并发。当然这样的技术还有待成熟，但是起码有一些标准，比如必须是并行、绿色环保的，这些一定会成为未来底层公链技术的评价标准或者研究方向。另外，未来区块链 3. 0 的概念不再只是 Blockchain 的概念，而是一个概念的集合，包括人工智能、区块链、云计算、大数据的技术等。我们认为区块链 3. 0 技术共识的关键词是“并行、环保、复合”。

总而言之，瓶颈主要产生在底层数据结构、分布式计算的底层结构问题上。

2017 年 8 月 18 日，杭州成立了互联网法院。当技术发展到一定程度改变了社会生活的方方面面的时候，我们的法制、监管要配套。我们希望能够推动这个产业的一些创新治理方面的探讨。否则，光靠强监管，会让一批优秀企业、资金到海外去，这对中国不得不说是一种创新的损失。

这就是我们提区块链 3. 0 赋能实体经济的原因，我们希望在国家金融监管之下可以认同的方向上，解决实物资产上链的问题。国家可以给予更大的支持，包括使用沙盒监管等措施。我们基于区块链 3.0 提出了数据票证的概念。用票证解决供给不足、营销问题、融资的问题。

区块链 3.0 的共识就是赋能实体经济，助力实体强国。我们的宗旨是依托技术创新做实体产业资产上链票证化的改造实验，重点发展无币区块链，帮助实体经济转型升级，助力精准扶贫和金融稳定。初步想法是，组织架构采取节点式，以母基金等形式，解决资金的问题。

具体赋能方向重点筛选了生产制造、电子商务、版权、物联网、商品溯源、医疗健康、能源、公益扶贫等。我们已经收集了一批案例，希望后续找出优秀的区块链团队和公司，真正实实在在地做事，大家聚合在一起跟实体经济连接。

（作者系清华 X – Lab 青藤链盟研究院院长、清华 X – Lab 区块链数权专家）

区块链在物流行业应用须解决六大生态问题

吴　迪

物流是大家既熟悉又陌生的领域，我所讲的物流基本上是没有得到过多的金融支持。

智链通科技有限公司是一家专门为物流行业定制 SaaS 软件的公司，涉及物流行业从第四方物流开始到三方物流、专项物流、配送、车辆调度这一整套系统。我们涉足区块链是从 2018 年初开始的，但是现在，因为与井通科技合作之后有了一定的技术力量，把电子运单的承运流转上链，也形成了新的联盟链商务运作模式。

一提起物流，大部分人都认为是“四通一达”或者顺丰。而真正物流业的主体是公路运输，整车、大货物流以及零单物流，是 30 公斤到 3 吨以上整车这个区间的物流。这个区间的物流是目前整体物流运输行业中体量最大的，而完成这么大体量的业务是靠 2000 多万台车辆，其中 80% 的车辆都是个体车辆，以及 720 多万家物流相关企业。这些企业基本都是中小微物流企业。虽然现在物流还涉及一些大型企业，包括中远、中外运等几个中字头物流企业，但是真正能够承担 90% 以上业务，支撑国家的国民经济生产过程的主力军的部分，是靠 90% 的个体民营企业。改革开放 40 年，为什么在 2017 年国务院专门出台了《关于进一步推进物流降本增效促进实体经济发展的意见》，因为在传统物流领域从银行金融机构获得授信贷款可能性很小。基本上 90% 左右的公司靠的是从个人资金、民间借贷资金完成的整体业务发展。

随着这些年信息化的发展，物流信息交流基本上是畅通的。信息流畅通之后，原来大家所见到的个体户中的部分企业，比如夫妻档买几台车、一年接几百万元生意的公司会逐步消亡，而逐步形成一种行业联盟。这种行业联盟相当于把业务链接起来，这也是现在我们提出的整体物流。随着业态以及经济形势发展所带来的新的业态变化，这种业态变化从单一版的操作，个人单打独斗的操作，逐步向链条式发展。

整体来说全行业面临 4 个特点：

1. 信任关系。物流公司和 3000 多家公司既希望合作又互不信任，总担心把客户关系共享之后我的客户变成你的客户。两个信息联盟之间我可以拿你的数据，但是我的数据要保证是我的，是讲江湖义气与信任危机共存，因此导致产生了很多信息孤岛。

2. 税务。车辆是个人的，40% 的运费来自车辆消耗，还有 30% 是人员等一系列的消耗。大部分消耗是无法开增值税发票的。这导致现在上游制造企业需要给整个物流行业开发票，物流发票占比达到 11% 。这个过程中缺少抵扣票，导致全行业违规。

3. 物流公司相对来说文化素质不高，所以从某种程度上说，其接触新的信息技术是被动的或者是随着潮流而动的，这个过程中造成了信息化技术方面的困境。

4. 因为信息不流通，没有一家物流公司是自有车辆、自己公司做全国的物流配送业务。物流是需要高度协同的行业，需要这个物流公司在北京接货运到广州去，中间有很多需要其他公司进行协助的，如果买的是家电等，还需要安装师傅上门，这个流程目前还没有完整。

区块链在物流上的典型应用，包括三个方面的特点，这和区块链的主流特点是一致的。

1. 物流本身诠释的就是价值流，区块链与经典互联网不同，在虚拟网络上传递各种信息价值，可以实现信息流、资金流和物流的三流合一。

2. 物流是典型的分布式记账，工厂、物流商、销售商、客户、签收人等在不同区域进行记账，记错了就会产生纠纷。

3. 物流是高度协同的，物流是通过协同，通过多人协作、多公司协作、多环节共同完成的，而不是制造企业自己有一台车，从北京运到广州去，这种事情越来越少。

智链通打造了这个“一站式物流服务平台”，是一个物流链。信息化发展这么多年，使得包括顺丰快递公司在内的物流形成了集约式的产业。根据相关数据，我国每年大宗货物运输有10万亿宗，每年物流费用有10万亿元，而快递加在一起才10000亿元。这超出的9万亿元市场，为什么那么多包括BAT（百度、阿里巴巴、腾讯）在内的机构、这么多互联网大佬不来整合？主要的问题是快递可以标准化，物流很难标准化。例如，运家电和运家具完全是两回事，运陶瓷和运水果又是两回事，快递实行了标准化，而物流90%没有标准化，这是由它的复杂性决定的。因为业态复杂，它需要在高度协作中出现中心化的环节，因此多中心化也是我们联盟重点考虑的问题。在一个物流的场景中，物流企业是天然形成的，因而各不相同，任意两个企业之间的业务有可能相似，也可以互补。但中心化平台无法解决它们之间的信任问题，而区块链平台能在交易过程中对关键数据确权，平台只提供算法和撮合交易，因而可说服部分物流公司构成联盟，愿意通过运单电子化实行一票到底。一票到底是指在物流的整个过程中，A公司到B公司到C公司只认一张单，不产生新的单证，除了信息互通以外，更多的还要使货物不断地分拨配载，与内部管理之间进行衔接。

我们希望如果按照所说的区块链的物流行业应用，必须要解决六大生态问题：

1. 一票到底的电子合约方式，在多个平台、多个运营主体间流转。

2. 交易运单存证方式的管理，解决数据确权的数权问题。

3. 解决物流行业成本消耗的抵扣发票问题。

4. 提供通过多维度信息评价解决信任问题的服务。

5. 交易即结算。

6. 通过数据流、资金流和物流三流合一解决对中小微企业金融支持的问题。

全行业的运作流程是货主把百分之百的钱给大三方，合同物流给到专线，专线给车队，车队给城市配送。进入配安的环节还涉及配送车辆和安装师傅。在这样一个复杂的过程中，大家发现按照物流公司现有模式，是以信息流来引导的，而每一步都需要进行资金结算。一个物流业务要完成从北京 A 公司到广州 B 公司，这个业务在物流公司后台要跟踪 4 次，先给信息，给了信息告诉你执行了，执行了给钱，给钱后再确认钱有没有到，确认钱有没有到又出现问题。因为现在提供的都是网银转账、微信转账一类的凭证，需要放到信息系统里面去。这导致物流公司除了必须需要实际操作的司机和搬运工外还需要雇佣大量的后台录单、跟单的人员。这一套人员的数量甚至要超过实操人员，因为他们关系到整个物流链条的衔接，否则就不能形成一整套的数据闭环。

物流要求全行业实名制，区块链技术实现了在平台上形成一次核验多次使用，不用每次拿身份证二次录入，或者生成代码快速录入，解决核验问题。

图 1 就是整个电子运单上链的过程，电子运单上链提到智能硬件，因为每个公司信息化程度水平是不一致的，从 A 公司到 B 公司，第一部分如果大家把信息系统打通，链接之后可以做到一票到底，如果没有打通，对于现在的物流叫作全程可视化物流，要对实际在途的情况进行精确跟踪，我们联合其他企业做智能硬件，相当于定位设备。随着批次流转，在整个链条当中做到全畅通。

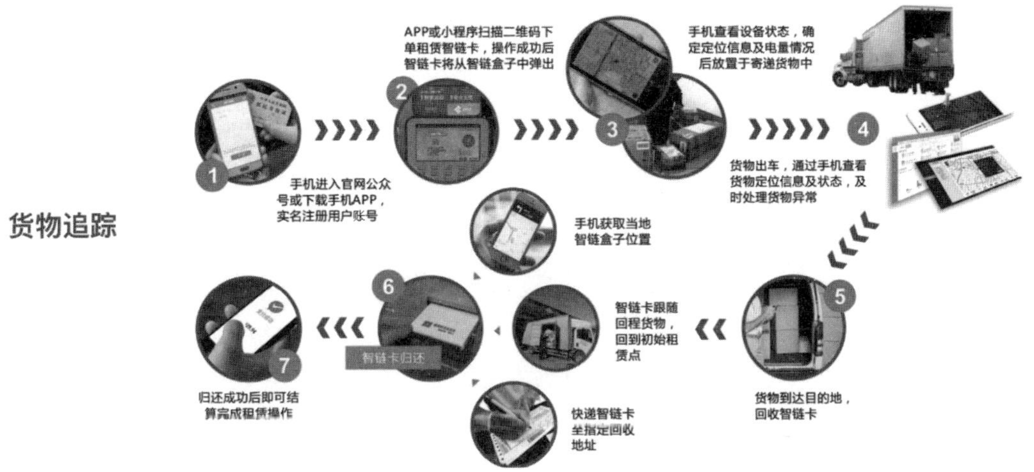

图 1　电子运单上链过程

有一个典型的案例，佛山顺德家具公司，是有 25 条专线、25 个大三方的服务整个佛山顺德的家具公司。家具运输最终依托几家物流公司合作解决。这 25 家都用的是我们的系统。我们通过区块链的方式让这些公司形成联盟，2017 年一年的营业额为 10 亿元。2018 年把信息系统用股权方式进行打通，相当于成立新的公司按照股份方式打通，2019 年按照区块链的方式做利润分配，这样打通联合了之后，业绩不但没有减少反而增长了，2019 年大概做到了 15 亿元的交易额，因为通过联盟已经基本深度覆盖从工厂接货到配安，所有的安装师傅资源都可以共享承接，形成的基于区块链的产权确认，改变了只是做利益方面的切割，而不是完全靠股权方面切割的管理模式。这种模式就是我们说的通过运营指导之后，形成区域之间的互补性联盟，逐步形成软件定义行业的方式，最终形成物流健康的联盟链方式指导平台运营。我们的平台始终是以一种裁判员的角色进行互联互通，并不直接涉足于其业务，而是通过区块链记录这些公司每次的产出利益，帮其做好股权和利益分配，解决它们之间相互联盟之后利益的分配问题，以此整合它们的业务逻辑。

（作者系智链通联合创始人、首席架构师）

从大众媒体的角度看中国区块链的快速演进

张超然

十年前的今天，比特币概念问世。比特币的初生和发展让区块链技术不断走进大众视野，并促使了区块链技术的巨大潜能逐渐被世人所熟知。随着一轮虚拟货币的热潮褪去，区块链行业正在“脱虚向实”，各行各业的区块链项目大规模出现，市场微观参与主体回归理性，未来区块链技术服务于实体经济和各行各业将成为主流。

作为布道区块链行业的社群媒体平台，布洛克科技从诞生之初就确立以分布式方式构建行业全球节点，集新闻、快讯、行情、数据、社群、项目等区块链信息为一体，逐步打造成国际领先的区块链社群媒体。布洛克科技的社群对象主要分为 B 端社群和 C 端社群两部分。其中，B 端社群涵盖了行业所有生态成员，具体涵盖了区块链资本方、项目方、媒体方等行业所有资源，构建起最大的行业社群；C 端社群包括了行业研究智库、行业独立投资者等，成员人数已超百万并呈增长态势。在发展的过程中，布洛克科技不仅仅通过构建社群整合行业资源，而且多维度地接触来自国内外关于技术、市场、学术领域的行业信息，用发展的眼光审视区块链行业的发展脉络。本文将结合布洛克科技近年来的探索实践，从宏观维度、中观维度、微观维度三个方面来静观区块链发展的最新行业动态。

一、宏观维度

从国际来看，区块链技术极具跨国属性，不少国家拥抱区块链技术的态度均是积极的，并已加强区块链技术布局。其中，英国作为国际金融中心，应用区块链技术减少金融交易成本，同时增加交易过程的安全性；德国区块链则可以大大简化工业 4.0 供应链的流程，提升资金、产品、物料等周转效率，加快资本流动；日本自动化产业、电脑游戏产业为区块链提供了很好的应用场景。布洛克科技顺应行业发展的大势，也开启了全球布局，比如在韩国、日本、新加坡、美国、澳大利亚、新西兰等国均有战略布局，并与国际化团队展开了深度合作。

从国内来看，中国区块链发展仍处于早期阶段，可谓争议与机会并存，未来市场空间和应用场景巨大。因其不可篡改、分布式账本、去中心化等特性，以比特币为代表的区块链应用近年来在金融交易、能源管理等领域受到广泛的关注。特别是近两年来，一场虚拟货币的狂欢，在一定程度上影响了区块链行业的健康发展。随着我国监管部门加强行业整顿，许多打着区块链旗号融资的公司被市场淘汰。与此同时，一些围绕区块链技术进行底层开发和应用探索的公司开始崭露头角。纵观行业的发展，无论是传统行业还是互联网新兴产业都即将或正在经历着区块链技术的洗礼。

二、中观维度

从行业发展现状来看，整体上逐渐回归理性。在区块链项目方面，不管是媒体、项目方还是投资机构，整体呈现“脱虚向实”的状态，积极拥抱实体经济，逐渐开始在金融、物流、征信、医疗等更为广泛的行业里找到可行的应用场景，比如，之前在区块链项目投机的独立投资人现在都在探讨链改、票改，在意识层面上已经发生了根本性转变。在区块链人才方面，整个产业发展和人才培养是不匹配的，造成之前企业之间通过高薪争夺区块链技术高端人才的恶性竞争。这在一定程度上造成能力和薪资不匹配甚至是薪资虚高的不良现象，在市场逐步趋于理性的状态下应不断纠偏。

从行业生态环境来看，内外部条件逐渐成熟。一方面，无论是之前的溯源、去中心化应用还是“区块链+”项目落地，其实都说明了区块链技术推动产业进步的重要作用，并且相关技术以及产业快速地向三四线城市下沉；另一方面，行业配套基础设施正逐步完善，相应的孵化器、教育培训体系都构建成熟，相信未来可以为区块链行业的发展提供源源不断的新生力量。

三、微观维度

从区块链用户来看，用户的认知状态在发生改变。用户是一个行业发展依存的根本。从行业初期到现在，用户的认知状态逐渐趋于成熟，愿意探究行业背后的技术原理以及可以产生的实际价值。区块链本身的金融属性曾吸引了大量的独立投资人入场，他们是区块链最早期的用户，大部分都是通过某个币种或者炒币进入这个行业的，形成了财富效应，现如今也已经从单纯炒币投资逐渐向技术应用驱动转变，存量用户开始关注行业知识普及以及落地应用实际产生的效应以及价值。随着行业趋于冷静，新增用户也开始在了解技术、知识学习、知识培训后选择进入行业。这在一定程度上也助推了行业的正向发展，为行业稳步向前推进注入了动力。

从区块链团队架构来看，组织团队的国际化成为标配。区块链技术自带跨国属性，无论是做公链、联盟链还是与其他区块链产业服务相关，整个区块链团队从初创期开始，国际化就成了标配。组织团队的国际化无论从显性品牌效应还是实际的协作都要优于互联网行业。国际化的团队注定项目方可以用国际视野看待自己项目以及行业的发展，推动项目向全球范围传播扩张。

从区块链企业来看，实干的企业开始崭露头角。任何一个行业真正的发展都离不开真正做事和有作为的企业。在行业发展前期，由于市场非理性因素确实充斥了一些投机项目和财富泡沫，这在一定程度上给行业带来了不小的负面影响，扰乱了市场秩序。从目前来看，新增企业进入行业的速度、数量均呈现放缓趋势。现在创业项目方已经从最初不懂技术而单纯为了募资发币，逐步向推动区块链技术落地方向发展。同时，用户认知状态的变化也倒逼区块链企业提高自身的企业素养，真正实干落地项目，只有这样才能真正吸引用户参与投资项目。目前虽然整体进入这个行业的企业数量在减少，但是理性进入、真正做技术落地、真正进入区块链技术领域的实干型企业开始逐渐崭露头角，实现良币驱逐劣币的良性态势。

从区块链投资机构来看，资本回归价值投资初心。投资机构除了资本方面的助推，在行业资源等方面也起到关键性的作用。就目前的形势来看，资本环境趋冷，资本方对项目的考察更加严格。这样就可以使得优秀项目驱逐劣质项目，推动行业回归它应该归属的轨道上来。优质的项目依然很受资本青睐，可以迅速得到融资支持。

整体而言，行业不断趋于理性，给了实干的企业更多发挥自己效能的空间。只有认清当前形势，顺势而为，借势发力，才能真正为行业做出贡献。布洛克科技作为行业一分子，将秉以初心，以赋能区块链发展为己任，助力区块链发展，推动产业正向发展。

（作者系布洛克科技联合创始人兼执行总裁）

第四篇　新理论　新实践

开启普惠金融和财富管理的金融科技新时代

唐　宁

2008 年 8 月，美国次贷危机爆发，随后迅速升级为席卷全球的金融“海啸”。如今，十年已过。但其对全球经济带来的冲击和伤害至今令人不寒而栗。

前事不忘后事之师。2008 年国际金融海啸留给人们太多的教训和警示：虚拟经济不能脱离实体经济太远、金融市场开放要更加谨慎、金融业风险监管必须消灭空白区、必须有效隔离银行体系与资本市场风险、控制房地产市场风险传递、重构包容有序的国际金融体系等。

从 2008 年国际金融海啸爆发至今，中国金融市场一直保持着相对稳健的发展态势，实属不易。经过十多年的发展，我国在普惠金融、财富管理、金融科技等方面取得了突出的阶段性成果，但防范金融风险是金融业永恒的主题。前段时间网贷行业的“雷潮”也把我国金融业发展过程中的一些问题暴露出来，也让我们这些金融从业者开始审慎自身。

12 年前，金融危机还未开始，我已从华尔街离开回国。一年以后，整个华尔街因次贷危机沮丧不已。“没有受到金融危机太多影响，一个重要原因是中国金融业没有深度参与全球金融市场。”危机爆发伊始，这样的声音遍布金融业内外。但对于我们这一代回国创业的金融从业者而言，真正的挑战才刚刚开始：我们面临的机遇与挑战，往大处说，与中国经济发展速度、中国全球化进程相关；聚焦来说，一个个充满活力的实体企业，让中国经济看到了希望，同时也不得不让金融从业者变得更为勤勉。

16 年前我成为一位天使投资人，投资于科技创新。13 年前我发起成立宜信公司，在中国推动金融科技发展，利用科技让金融更美好。宜信今天已经成为中国乃至全球科技创新生态圈中重要的组成部分，尤其是我们正在中国推动一种创新的金融投资模式——“母基金”，给予科学家们、研发创新企业以长期的、耐心的、有温度的资金，让当下的中国科技创新能够有更好的环境。

站在当下，中国已成为全球第二大经济体，高效能的资本赋予了实体经济前所未有的活力与魅力：普惠金融在中国稳步发展，财富管理水平的不断迭代也让市场迎来发展机遇，使整个中国乃至全球的金融科技行业发生巨大变革。我们可以看到，高度发达的科技正在赋能金融，让未来已来。

一、推动普惠金融良性发展的一些思考——能力建设是“致富逻辑”

12 年来，以宜信公司为代表的新金融企业，始终坚持“金融科技”引领发展的战略，务实地推进普惠金融的发展，同时我们也欣喜地看到，普惠金融在中国的发展，不再是宜信普惠的“独舞”，而是受到各种力量的支持——比如货币政策对传统金融机构开展普惠金融服务给予的政策侧重；金融机构纷纷设立普惠金融部用于重点发展小微金融服务；众多金融创新平台前仆后继，探索在中国服务更多客户；大数据、人工智能、区块链等一系列与信用数据、客户画像相关的底层技术，让社会征信系统的建设进入加速阶段。我们乐见这样繁荣而充满探索精神的金融市场，也致敬尤努斯当年的执着，更希望这件事在全行业的持续探索下，能在未来达到新的高度。

我们也清楚地认识到，此时此刻，还有很多未被传统金融服务所充分覆盖的中小微企业、兼职创业的工薪阶层、消费者以及广大农户，他们有各种金融需求。在服务他们的过程中，我们看到了普惠金融的未来——从小额信贷、其他金融服务，到帮助个人、企业进行能力建设，让他们更好地提升自我，从而进入良性循环。

在普惠金融业务发展的过程中，我们常讲“四化”，即规范化、专业化、数字化和规模化。规范化指的是合规，在创新之中合规守纪是第一位的，是金融的底线；专业化强调了团队成员必须有国际范围内最为专业的水平，以这种专业水准去开展业务，还要处理好试错与金融基本逻辑的关系；数字化强调了利用科技和数字化资产；每一个金融需求都是巨大的，当我们做对了的时候，一定会规模化地解决这个问题。

12 年来，我们的团队在实践中不断思考这样一个逻辑：如何让财富管理与普惠金融不再是金融服务的“两张皮”，而是结合起来，让高净值人群以一种合理的模式，享受公益活动带来的新成就感；让需要金融扶持的人们不仅能获得资金，更能获得资金背后的“高能”力量，或者称为致富逻辑。

以“宜农贷”为代表的公益助农平台，用互联网连接社会爱心人士与贫困人群，让爱心资金出借给偏远地区信用良好、有资金需求的贫困农户，以此帮助农户发展生产、脱离贫困，助力更多有劳动能力和创业激情的贫困农户，帮助他们通过努力有尊严地改变未来。我们将打通一切社会资源来实现“造血式”普惠，成就更美好的社会。这是宜信对于普惠金融在中国发展的一些更宽广、更深刻的认识。

边发展边审视，普惠金融发展的道路上还有很多问题亟待全行业解决：

在互联网金融、金融科技领域已有相当大量的信用交易，但这些信用交易并没有进入我们的征信体系。因此，其间存在的一人多贷、多头负债等情况就蕴含着巨大的风险。希望未来我国在征信体系建设方面能有巨大的改进。如果这一基础设施能够完善，对整个中国金融业来讲将是巨大的利好，可以帮助金融机构规避掉个人信用的系统性风险。

同时，由于中国的消费者对个人数据、消费者隐私选取具有极大的偏向便利，致使大量的私人数据与相关机构分享，而一些规模较大的机构通过开展综合业务，大量汇集信息流、资金流与产品流，加之基于网络的云存储技术使金融数据高度聚集，从而形成了数据寡头。当前中国在数据垄断方面监管较少，这其中也蕴含着巨大的风险。在个人数据层面实施有效的保护如今迫在眉睫。

二、正视财富管理行业的五大趋势——在“不确定”中寻找“确定”

中国财富管理行业目前尚处于幼年期。在资本市场上充斥着大量的投机和炒作行为，尽管我们的资管新规已经提出打破刚兑，但很多投资者还活在刚兑时代。因此，如何让资产配置理念落地，或让金融支持实体经济起到根本的作用值得反思。

2017年大资管规则统一后，在供给与需求两个层面形成了统一的制度安排，无论是投资、贷款还是股票、债券都有统一的管理规则。从市场角度看，这不仅有助于提高效率，同时也降低了运行成本和风险。与此同时，人民银行的宏观审慎不断强化，金融机构穿透式管理等一系列监管政策逐步落地，制度化建设得到加强。中国人民大学副校长、金融与证券研究所所长吴晓求曾这样评价：资管新规的制定本身是认识上的重大进步，意味着财富管理真正成为金融的重要功能之一。

“这是人类历史上最伟大的故事之一。”大家都知道，我们今天的经济发展有一个倒计时的目标，那就是2020年实现脱贫，全面建成小康社会，世界银行行长金墉对这个创举的评价，其实也正是我们想说的。我认为，一个市场化、专业化的财富管理产业，在加强金融对实体经济的支持，助力各项经济和社会体制改革的深入推进，以及实现中国金融资产和社会财富的安全、保值和增值等方面，将会起到巨大的积极作用。

行业发展至今，财富管理已不再是我们所说的有钱就够了，还需要思考如何履行社会责任。我们一直强调，帮助现代青年树立健康的金融认知，培养健全人格，激发独立思考，使之成长为富有责任感的社会公民非常重要。为此我们推动“小贝壳”财商教育项目，让一些原本没机会那么快了解信用价值的青少年接受信用教育；同时我们在西部地区帮助那些有志于改变自己贫困现状的农村妇女，向她们出借爱心资金，帮助她们发展生产，改变贫困现状。

尽管全球经济增长仍在继续，但不确定性也在不断增加。经济合作与发展组织（OECD）2018年9月20日下调之前的预期并指出，在贸易摩擦升温和新兴市场前景不明朗之际，全球经济成长或已过高峰。在各类潜在风险叠加之下，中国高净值、超高净值群体的焦虑也随之而来。如果说日新月异的科技发展所带来的焦虑可以通过不断培训提升技能来缓解，那么新经济大潮在财富管理上给他们带来的冲击与焦虑又该如何应对？

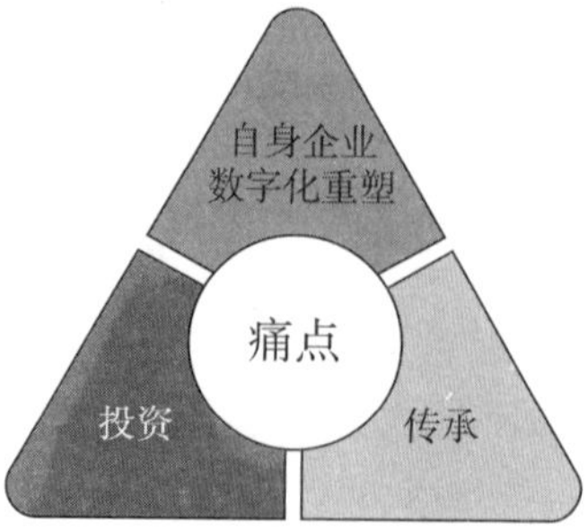

图1　高净值客户的三大痛点

我想重点谈谈我的想法：在不确定中寻找确定。从战略角度思考，未来有哪些重大趋势一定会出现？宜信看到的是三个“确定”。

第一个“确定”是国际化。未来10年、20年，中国的个人、家庭、企业、国家融入世界的进程会提速，我们的机会一定来自全球，因为赢在未来的关键因素之一就是要实现国际化。

第二个“确定”是投资未来。新经济有两大驱动引擎，即科技驱动和创新驱动，而随着中产阶层的崛起，他们对于更高水平、更高质量的产品和服务有着强大的需求，也带动了相关的消费升级和健康医疗、教育培训等行业的发展，需要有耐心的、长期的投资，需要将传统经济所创造的巨大财富逐步投入这个行业中，实现共同发展。

通过母基金的方式，将资金投入顶级的创投机构之中，通过创投机构再投资到双创企业，以风险分散的方式把资金投入多只不同行业、不同特点、不同风格的顶级创投基金之中，形成一个科学有效的合理配置，实现风险可控、回报可期，从而拥抱新经济。

通过这样的形式与日新月异的科技创新有效结合起来，让中国的科学家永远不再缺钱，也让中国的科技创新不再缺钱。十年或者二十年之后，当科技、专利、研发能够在市场上创造巨大价值的时候，投资者、企业家、科学家就可以实现多赢。

第三个“确定”是传承。我们的创一代、富一代经过几十年的奋斗，积累了大量的财富，如何能够将这些财富传到下一代？如果传承仅仅有一个遗嘱，那风险非常高，一定要有相应的架构——家族信托：做到代际传承、风险隔离、财富和税务规划。

随着大众富裕阶层乃至高净值客户的需求不断多维，对于财富管理者而言，具体来说我认为有以下五点趋势值得关注。

一是由固定收益类到权益类。过去投资者买信托、银行理财、参与互联网金融理财，必然会看机构能否提供刚性兑付，然后根据投资时间算自己的收益情况，但这样的理财方式一去不复返。未来能够给大家提供更高回报的投资来自权益类，权益类资产占个人家庭资产组合中的比例一定要在一半以上。

二是从短期投机到长期投资。有些人认为，当前中国市场上短期投资活跃，但这里充斥着短期投机。未来财富管理界要做的，就是把投资者从短期投机往长期投资方向引导。

三是从中国到全球的视角变化。大家的投资理财、资产组合不会仅仅是人民币资产，而应该是全球资产。

四是从单一产品向资产配置转变。过去是找单一的机会，未来应该是自上而下地思考，如何把投资组合配置得更好。

五是财富传承的重要性。从另一个更为迫切的角度来说，在改革开放四十年里，第一代创业者将中国经济托举到举世瞩目的位置，也为自身攒下了家底，现在，这批人士进入事业、财富的双重“交棒期”。让中国200万超高净值投资人可以高质量、低风险、平稳、保价保值地把财富传到下一代去，这对于中国经济下一阶段的高质量发展也是非常重要的，需要在未来几年的时间里解决这个难题。

综上所述，是我们看到的在财富管理方面的客户未来需求。要满足客户未来的需求，我们打造了三个核心竞争力：

国际化能力，客户在未来不可避免地组成国际化家庭，因此我们要培育财富管理国际化的能力；

投资能力，客户未来要在投资能力上有根本性的提升，投资能力的建设是未来财富管理赢家的根本；

科技化能力，科技能力可以改变产品、投资、渠道和财富管理模式。

具备了上述三个核心能力，我有信心，让我们的财富管理业务在五年之后，和客户的需求完美“会师”。

我认为金融科技的一个重要发展方向，是持续地按照“大普惠”的理念和逻辑，推动普惠金融和财富管理行业发展。

三、大环境下组织如何拥抱并享受挑战——“新科技，新管理”

党的十八大以来，中央对金融工作特别是防范金融风险高度重视，采取了一系列强化金融监管的举措，把住了发展大势，金融运行总体平稳，风险总体可控。但也要看到，在国际国内经济下行压力等综合影响下，我国金融发展面临不少风险和挑战。

2017年4月，全国金融会议对新时代的金融有了新的定位，要求加强监管工作，尽量回归本源，服务实体经济，化解好金融风险。从人员构成来看，除了金融部门外，其他相关部门也在化解风险层面下了很大决心，调动了大量资源。同年7月14日至15日召开的第五次全国金融工作会议提出了服务实体经济、防控金融风险、深化金融改革三项任务。

唯一不变的，恰恰是变化本身。中国经济面临的机遇与挑战，如果概括起来，我认为是成长与迭代之间的关系。改革开放四十年，我们以一种无法预见的方式创造了奇迹，但同时，我们必须理性地看到，无论是产业还是金融，我们还需要继续努力，用我们自己更为牢固的底层基础而不是大量依赖别国技术，筑起新的发展路。

回到中国金融科技企业的发展环境，我们也同样身处变化之中：我们拥抱监管，同时，我们必须承受作为头部企业该承受的历史责任，这种责任在我看来，多数在大浪淘沙之际，带领企业继续朝着更规范、更智慧、更协同的方向发展。这也是宜信公司一直以来坚持的方向。

从这个角度说，我其实很希望谈谈我们这个组织，在过去这些年来总结到的一些运作经验，用这些经验，结合我们对宏观变化的随时跟踪，我觉得我们有底气享受变化：预见未来的最好方式是创造它，从某种意义上来讲，我们始终在创造未来。

企业想要“不被颠覆”，要求我们永远做一家大的小公司，当创业之初组织很小的时候，需要 Think Big，有远大理想梦想；随着我们组织壮大起来，反而要 Think Small。越来越大的组织需要永葆小公司小组织的优势，扁平、高效、灵活、创新，保持小公司的初心、小公司的文化。

回望过去，2006 年，宜信公司为解决大学毕业生获取小额信用资金需求，开创出个人对个人的借款模式，并在早期的中国信用环境下，坚持走中国特色的线下风控模式；2008 年，“宜农贷”走进农村，到普惠金融最前沿的地方去，为融资金字塔最底层的农村贫困妇女建立信用，解决资金获取的问题；2012 年，我们推出的全球第一个移动借款 APP“宜人贷借款”，截至目前，这一 APP 在大数据征信和移动借款领域处于国际领先水平；2015 年，宜人贷率先与银行签订资金存管协议，时间比监管要求提早一年，同年，宜人贷登陆美国纽交所，与全球金融科技企业同场竞技；如今，致诚信用将宜信积累了十年之久的宝贵数据向行业开放，推进整个行业的高质量发展。

这里特别需要说明的是，过去，无论是在中国还是其他国家，针对个人的金融服务发展得更快一些，这是由于个人在信用评估方面更标准化一些。但针对中小微企业的金融服务，只要在现有基础上前行一步，在世界范围内看，我们都会立于创新前沿。

随着中国“互联网 +”的蜕变式发展，企业的交易行为、管理行为变得越来越数字化。面向未来，这些数字化资产可以帮助中小微企业在获取资金、建立信用上起到越来越重要的作用。针对中小微企业的金融创新也越来越多。未来十年，我们会看到在这个领域也会经历过去十年在个人信用网贷方面的一些突破。

四、中国金融的未来一定是光明的

众所周知，金融风险主要有两个方面：一方面是货币政策、金融机构、金融监管等金融系统的问题；另一方面是实体经济、房地产、政府债务的问题。从现在到 2020 年，是全面建成小康社会决胜期。党的十九大报告指出，要坚决打好防范化解重大风险攻坚战。如何能够打好？

一方面需要防范金融风险，另一方面则要坚守始终让金融起到支持实体经济发展的作用。打好防范化解金融风险攻坚战，金融部门应担任主攻任务，实体经济主管部门特别是国有资产监管部门、房地产调控主管部门、地方政府债务管理部门以及各级地方政府也要各负其责。

有人认为全球金融海啸十年一个轮回，这一次轮回很可能就是中国，我不认同这一观点。中国金融未来的十年，应该是大变革、大发展的十年。这与中国经济从求量到求质，从传统经济到新经济，从商业模式创新到科技驱动创新，从大市场到高门槛科技的转变密切相关，所以这也要求中国金融有相应的转变和提升。

站在新的时间坐标上，我期待，未来三到五年，金融科技行业有以下事情发生：

第一，征信体系将建立起来，实现普惠金融行业的数据共享，有效规避多头负债问题。

第二，中小微企业的“金融力”和“科技力”得以大幅提升，从信贷到支付、保险、理财等多种金融服务，再到财务、人力、营销等各种运营管理模块，都会从金融云上获得，即插即用。

第三，“资产配置”将成为财富管理客户和客户经理口中最流行的词汇。中国的高净值人士成为世界公民，在全球范围内进行机会评估、资源配置。

第四，母基金、另类资产、长期投资、量化策略，成为优秀理财者求胜于未知、穿越牛熊的核武器。

第五，支付与网贷行业拥抱不断深化的金融监管，在更加规范、健康的大环境下，持续取得良好发展。智能投顾、智能保险、区块链等领域，会成为新风口，但市场各方会更加理性，创业企业的金融底蕴更强。

从 2006 年创办宜信到今天，“十二年磨一剑”。对于宜信而言，在科技赋能金融的创新道路仅仅只是开始。我最大的感受是，金融创新者要守住初心。宜信公司过去经历了艰辛，这种艰辛源于在中国做普惠金融、建立信用体系、改变投资者的思维方式，需要有“板凳要坐十年冷”的决心，以及“绝知此事要躬行”的笨功夫；在艰辛背后，宜信人感到日子过得踏实，这份踏实不仅源于同事之间的信任、关爱和支持，更来自对中国经济、中国企业有信心，对财富管理有“坐看云起时”的定力。

作为一群金融人，我们的终极梦想，是通过自己的所知所学、所作所为、创新努力，将稀缺的社会资源配置给那些有才有德、勇于担当的个人和企业组织那里去。我们相信，金融能带来更好的百业，会成就企业成为百年老店。同样，金融能带来更好的社会环境。

（作者系宜信公司创始人兼首席执行官）

数字普惠金融“最后一公里”的挑战与对策

陈　欢

“为什么普惠金融的最后一公里是行业中长期存在的难题?”就如何深入到普惠金融的最后一公里问题，行业有很多不同的解读。我认为，服务成本高、难以触达、信息不对称、客户需求不匹配，长期以来阻碍着普惠金融行业的发展。

一直以来，全球各地都在以各种模式探索服务社会金字塔底层群体的小额信贷业务，为他们提供“方便、快捷、负担得起、可持续的优质金融服务”的梦想，都可以通过今天的数字技术而实现。从全球，尤其是中国正在探索实践的“数字普惠金融”模式，将可能是通向这一伟大理想的路径之一。

前不久，宜信公司、世界银行旗下的 IFC 国际金融公司和斯坦福大学商学院联合发布的《数字时代的普惠金融》报告最新指出，全球金融科技公司正在通过创新的商业模式、产品和新兴科技（数字身份、物联网、人工智能和机器学习）推进普惠金融的发展。

趋势表明，数字普惠金融的发展得益于以下四个方面：

第一，数据化。移动互联网设备的使用、网络电子商务交易普及等过程形成了大量数据积累，为数字普惠金融打下了很好的基础。

第二，智能化。随着技术的发展，机器学习等智能化技术使我们能够更好地挖掘和利用数据，带动普惠金融的发展。

第三，个性化。平台能够利用技术针对每一个个体，提供更加个性化的解决方案，并通过移动设备，使平台个性化的解决方案真正触达到每一个客户。

第四，无纸化交易。随着过去几年 O2O 的发展，越来越多的交易已经实现数字化，通过移动支付的方式完成，从而进一步丰富了数据，加速数字普惠金融落地。

行为数据化、交互智能化、终端个性化、交易网络化等这些外部环境的变化，在普惠金融整个业务循环里，尤其是对客群分析、获客、审批等步骤都有很大的帮助和影响，带来了很大的促进作用，这些都是数字普惠金融的机会。

一、数字普惠金融已进入深水区

当前数字普惠金融的发展已经进入了深水区。虽然在过去几年，中国的数字普惠金融取得了非常快速的发展，但是面向小微、面向“三农”的金融服务领域，依然有很大的发展空间。

一直以来，宜信把越来越多的关注点和资源放在小微企业和“三农”金融领域，力求借助管理数字化、交易网络化、供应链场景化的发展，使数字普惠金融在小微以及“三农”领域实现更好的发展。

宜信在近几年的实践里，做了很多基于供应链场景的普惠金融尝试，通过供应链里的核心企业，面向千千万万的上下游小企业。比如大家熟悉的每日优鲜，它的背后是大量生鲜供应商，甚至提供农产品的农户，宜信翼启云服基于供应链向这些小的商家和农产品的经销商提供信贷等服务，也是我们对发展非常快速的数字普惠金融业务的探索。

二、“最后一公里工作”面临四大挑战

第一，需要更好地处理数据化服务和线下运营之间的协同关系。尽管能通过互联网的方式去获得资金、客户和进行风控，但是一方面普惠金融最后一公里所服务的客群很多并没有被数字化的方式所覆盖，另一方面通过面对面的方式也能够建立起好的信任感，并且有助于消除我们过于强调数字化而形成的数字鸿沟问题。互联网技术是手段，金融才是本质，数字普惠金融发展、实践过程中要避免本末倒置，舍本逐末。

第二，成本和价格到底该用什么样的方式去确定。普惠金融很重要的特点就是面对大量的客户，金额小、成本高，因此，平台单笔获利并不乐观。服务普惠金融客户的成本高，带来相对较高的价格，但对于普惠金融的目标客户群体，可获得性是更大的难题。对于很多从事普惠金融的机构来说，自己也有融资难和融资贵的问题，需要整个的生态体系共同努力降低资金成本。

各机构都需要根据各自运营情况及风险偏好确定合理的价格，因为价格范围的要求会将部分客户排除在服务之外，这是否有助于更好地发展普惠金融？因此，如何确定价格的范围，也是我们在开展数字普惠金融时会遇到的一大挑战。

第三，征信和法制体系需要不断完善。例如，当前仍有很多机构的运营数据无法与行业共享，多头负债和逃废债问题无法得到很好的解决，如何用更好的法律体系帮助这些普惠金融机构发展也是非常重要的。

第四，用户体验和客户适用性。在我们追求客户体验的时候，需要权衡这个客户是否适合这个金融产品。需要做更好的客户了解，提供真正适合他们的产品，而不是一味强调体验而忽视了产品与客户的匹配。

在做数字普惠金融的时候，一方面平台希望给客户提供最便捷的金融服务，但同时可能会牺牲消费者隐私保护，而如何在两者之间实现平衡，是从业机构和监管部门需要考虑的方向。

面对以上挑战，我认为：

第一，线上线下有各自的优势和存在意义，应结合双方优势更好地服务客户，不应强调数字化贬低线下服务模式；

第二，金融科技公司和金融机构之间存在优势互补，可以共同合作促进普惠金融生态的发展和繁荣；

第三，健全征信和法制体系，提高失信者的失信成本，构建健康发展的信用环境；

第四，发展金融教育与信用教育，让客户更好地选择金融产品。

普惠金融机构希望给客户更好的价格，由“普”到“惠”，但“惠”的含义是相对的，这个价格和风险是相对应的。要实现更好的“惠”，机构应该努力降低自身的运营成本，也需要获得外部环境更好的支持，用更广泛的资金渠道去降低资金成本，以及健全征信与法制体系更好地降低风险成本。

（作者系宜信公司首席战略官）

马铃薯的智慧之旅

楚　桐

收获机的车轮轰隆隆地蹚过，犁铲深一脚浅一脚地扎进陇上的黄土，混着坝上呼呼的风，一个个马铃薯从土里翻滚出来。腰间绑着红色、黄色两种袋子的农工，早上6点就开始了他们一天的劳作，马铃薯装满一袋，能给他们带来2块钱的收入。

“没有好的机械化，全用人工，挣那两个钱不如人工钱。”河北沽源宏达农机公司董事长孟金龙这样感慨。田间的冷风嗖嗖地往衣服里灌，孟金龙套着黑色棉服，在地里接电话，收获机、拖拉机在离他不远的地方轰轰作响。

除农机经销商的身份外，作为当地的种植大户，孟金龙也是机械化的受益者。他2018年总共种了5000亩地，其中2000亩是马铃薯。打药用的是无人机，20斤的药壶，一次能打24米，播种用的是导航和自动驾驶，这能帮他节省起码4万元的人工成本。“以前找人工种植，连100亩地都种不了，用机械化，一台机器最少能种2000亩。”

对于孟金龙的话，内蒙古民丰种业有限公司的李文义经理感同身受。在民丰，每一台拖拉机都安装了GPS，它可以根据陇的方向，走出笔直的路线，不需要人去管理。大型联合收获机的应用，也降低了人工采收的成本。

李文义记得，早在2010年，自己下农村招工时，人们会争着抢着围上来。其中一个老奶奶让他印象深刻：“小伙子你把我用上吧，大娘在家没事儿干。”仔细一问，她已经78岁了。每天切种子，可以给她带来30块钱的收入。

时间到了2018年，人工费已经涨到了每天250块钱。随着越来越多的人进城务工，农工已经找不到了。每年丰收时，李文义他们会专门去四川、山西这些劳务输出大省，委托劳务公司去找。即使这样，找人也并不容易。李文义得出结论：机械化和智能化，看起来是绕不开的关键词。

近年来，在土地集约化发展趋势下，传统农业业态正在发生改变，从分散经营向集约化、信息化的新型经营方式转变。作为现代农业发展的高级阶段，智慧农业越来越成为农业研究的显学，受到资本的追逐和热捧。

中投顾问在《2016—2020年中国智慧农业深度调研及投资前景预测报告》中提到，以应用（硬件和网络平台以及服务）为基础的智慧农业市场规模，有望从2016年的约613亿元人民币达到2022年的1254亿元人民币，年均复合增长率为13.8%。而逐渐成为潮水方向的智慧农业，正在改变传统的“靠天吃饭”行业的格局。

一、数据

从经验到数据，现代农业走了很远的路。2011 年时，李文义记得，内蒙古民丰有一块地种得特别好，是方圆几百公里其他地块产量的 2 倍。“种植的人当时或许也是误打误撞，或凭经验，但他那时干了什么，对应什么气候、温湿度、植株生长状况，都没有留下数据，当时马铃薯主茎多粗、有多少分枝、密度也没记录。”

由于没被固定成数据，经验只是经验，没法复制。李文义有些遗憾地提起，第二年时，再也没有那么漂亮的产量了。

在和一些外国企业的接触过程中，李文义越来越感受到数据焦虑。“他们有的一个农场就 20 多万亩，但都是大数据指导生产，都是五十年的数据。”

内蒙古千里之外的崔静波，也遇到了经验带来的烦恼。2015 年，他在山东种了 1100 亩有机花菜。那一年 11 月 22 日，北京开始下起冻雨，他打电话给自己当地的合伙人：“你那边没下雨吧？不行先把咱们那些有机花菜砍下来入库吧。”

“没事儿，菏泽这个地方，我长这么大，都快 50 岁了，这个季节从来没下过，你放心吧。”合作的朋友用经验和他保证。

当时 400 亩地的有机花菜已经长成，入库显然会增加成本，一进一出，起码每斤要增加 6 分钱的费用。“我当时就大意了，他这么笃定，也没听我的，毕竟他从小到大都是在那儿长大的。”

一场大雪覆盖了所有经验的侥幸。那是菏泽五十年不遇的雪，四五十厘米的厚度，让崔静波的资金链瞬间就断了。近 200 万元的损失后，他得到教训：“要尽可能将经验结构化。”

结构化的方法是通过工具。崔静波找了 14 个人，搭起一个团队，打磨产品和基础架构，经过方案设计、产品测试和试运营，用 1 年左右的时间，开发出了“慧种地”这个软件。

2015 年，崔静波拿着自己的 36 张表格，在农惠网办的一个论坛上，用中农普惠首席运营官周昕的话说，做了一个“炫酷的演讲”，给中农集团的领导留下很深的印象。

当时，中农也有意愿转型做农资电商，双方在 2017 年 3 月见面后 20 分钟就谈成了合作。崔静波现在的身份是中农普惠总经理。

李文义是在一年前接触到中农普惠的。通过这个软件，他可以固定耕作时的数据，通过叶片检测，进行马铃薯田间不同阶段的叶片营养、土壤养分、水分、温湿度记录的汇总，进而进行数据分析，再对比不同基地数据的差距，总结经验教训。

“80 后”的李文义十分青睐数据的力量，他也曾因为数据，避免了很多损失。有一次，他们公司想在海拉尔扩展一个农场，但苦于没有海拉尔的气候、土壤等数据。后来，他们找了一个合作方。对方给自己提供了那片土地的土壤温湿度检测数据。

数据调出来一看，在同样的时间点，海拉尔要比乌兰察布冷得多。10 月 12 日，海拉尔的那个农场就已经有一米地冻下去了，而乌兰察布要达到相同的冻土厚度，要一个月之后。通过数据分析，他们放弃了海拉尔的计划。

如今，打开“慧种地”软件看上面数据，已固定成李文义的日常习惯。

民丰旗下拥有13个农场，在数据化外，如何管理也一直困扰着李文义。

李文义下属的领地，最西至鄂尔多斯，最东可达太仆寺旗，来回1100多公里，跑一圈农场，起码要两周。他举例说着可能的漏洞：“一亩地比如应该追肥3公斤，但假如具体执行人在操作过程中肥加少了，或速度快了，灌溉不到位，这些方面都可能存在问题。”这也是土地集中化后，横在很多基地主面前的问题。更好的监管意味着更好的执行效果，它们最后都会以数字的方式反映在最终产量上。

在没有软件定位员工轨迹前，李文义下属的一个基地经理也曾想过使用望远镜的方法，用它来观察附近山坡上的管理人员。一次，通过望远镜，基地经理看到一个管理人员在自己负责的地块，叼着一支烟，一动不动坐了15分钟。基地经理按捺不住，一个电话打过去。

除了望远镜，最常规的办法就是人肉盯。掌管四个基地、二三百人的李延秋第一年来到河北广聚基地时，看到一个负责浇地的20多岁小伙子在地里睡着了，李延秋想着他可能太累了，没追究。

没隔几天，他发现小伙子又在地里睡着了，没多忍受，李延秋把他解雇了。

见到李延秋时，他的电话一个接着一个，这是最忙的季节。李延秋常年奔波在各个基地巡视，常常来不及回家，他的车里堆着各种生活用品。春种时，他在车里睡了一个多月，秋收时又在里面睡了一个多月。

李延秋也是“慧种地”的用户。如今，他可以通过对田间管理人员运动轨迹进行定位，远程管理基地，与此同时，田间管理人员的每一个操作动作和同步测量到的植物数据都可以上传到软件上，经验在这里内化成了另一种更可执行的方式：在什么时间需要完成哪些工序，以及每道工序细化的执行标准。

软件一开始的推广并不容易。底下的员工、技术人员觉得麻烦、别扭，上了岁数的人用不习惯。为了鼓励大家用这个软件，李延秋制定奖励政策，第一个用的奖励500块钱，后来会使用软件变成必需的规定。通过备耕前的培训，人们慢慢接受了这个软件。

目前中农普惠金服“慧种地”系列工具已覆盖种植面积842万亩，涉及种植主体2373个。在各个品种中，马铃薯的使用数是增长最快的。

“慧种地”所在的中农集团控股股份有限公司，此前在农村已有了60多年的市场业务沉淀，但如何在实际过程中解决农民缺钱的痛点，怎么通过金融的方式来增强和农户之间的黏性，仍困扰着公司。

二、金融

对农民缺钱的痛点，孟金龙感同身受。

春种夏耕秋收，投入和收获时间上的延迟，往往给农户带来资金缺口。

20 世纪 80 年代，国营农机市场，慢慢被私营撕开了垄断的口子。孟金龙看准了这个机会，进入这个市场。客户赊账和如何要账的问题常常横亘在孟金龙面前。“我们经常一垫就是好几千万。”而这些钱，经常一被占用就是三四年，孟金龙有些无奈，直到现在，还有没还上的钱。他想过各种办法：直接去现场拖过车，也打过官司，“执行就要三年”，“效果都不怎么好”。

公开数据显示，在中国农村目前只有 30% 的农户能从银行获得信贷服务。

这些痛点，是在 2013 年上半年进入到宜信租赁团队视野的。想出的具体模式是：宜信将购机款先支付给农机经销商；农户缴纳不低于 20% 的首付比例，剩下的欠款，再分期进行支付。

论证从 2013 年上半年开始，用了半年的时间，当年 9 月新服务“宜信租赁”进入市场。彼时，在市场上，厂商系占据着农机租赁市场的半壁江山。它们大多只针对自己的品牌提供租赁。人们花了很长的时间，和新兴的第三方金融机构建立信任。

在人们的刻板印象里，银行是更专业的，但银行提供的小额贷款，对于一个种田大户来说，也最多才可获得 20 万元的额度。在动辄上百万元的机械化农机设备面前，这显得微乎其微，更何况，在一堆繁苛的手续下，这个钱最后往往是贷不到的。

推广不易。最开始扩展这块租赁市场时，宜信租赁农机业务部石家庄分中心的林强压力大到睡不着，瘦了 20 斤，常常失眠，天天晚上给农机业务部中原区的负责人李朋打电话，探讨业务怎么开展，和石家庄分公司的同事聊以前是怎么做业务的，特别迷茫，头发一绺一绺地往下掉。

压力的另一头来自经销商的不信任。2013 年，农机经销商孟金龙开始和宜信租赁合作农机融资租赁。一开始他并不相信，害怕被骗，害怕钱没给自己打过来。见到李朋时，也半信半疑，没敢合作太多，做了 500 万元的额度。

李朋回忆，一开始给一个经销商做业务介绍时，他仔仔细细给对方介绍流程和模式，对方听完就开始骂他是骗子，自己没来得及多解释，就被轰走了。现在，这个经销商已经和李朋建立起深度的合作关系。

随着和宜信租赁合作的深入，孟金龙发现，“回款各方面都还行，挺快的”。合作渐渐涵盖了福田、雷沃，还有其他马铃薯设备。信任慢慢被建立起来。孟金龙的农机设备年销售额，也从一开始的几百万元，增长到 2 亿元。从 2013 年拓荒至今，全国粮食主产区的 20 多个省，都能享受到宜信农机租赁服务。

在一个传统信用体系薄弱的地方，这也是一个建立信用信息的过程。

宜信租赁团队在实践中会做合作客户的信用记录，想出激励方法。“如果按时归还，后期我们会提供其他增值服务，对这些人，会发牌照、登报纸，并通过这种方式来建立一种诚信的体系。”

毛芳竹是宜信普惠融资租赁总经理，他说：“我们现在已接入中央银行征信，通过融资租赁，用户的整个融资行为都可以通过中央银行系统看到。我们前期做信用教育时就要和他说，把信用建起来。建立后，维护一个好的信用记录，才能进一步释放信用价值，银行也好，其他机构也好，就愿意借给他们钱了。”

宜信租赁自2015年起启动“诚信之家”用户评选，在农机融资租赁用户中筛选信用记录和履约状况优异者，授予“诚信之家”荣誉称号并印在了《农业科技报》上。

截至2018年9月底，获得宜信租赁“诚信之家”和“诚信伙伴”称号的农户已近3000家。

在农产品最终收获、进入市场前，对一个职业农民来说，意外太多了。这里并不缺少天灾人祸的故事。2018年，在承租设备外，宜信普惠找到了博诚保险谈合作，专门设计出一个险种，为承租人出现大病和意外时，都会有一个赔付。保险是免费的。

在李朋、林强那里，有很多农户通过金融手段实现朴素梦想的故事。一个山东的合作社，是专门搞秸秆回收业务的，由于需求贷款金额太大，从银行贷款失败，又因为大家大都不看好秸秆业务的前景，融资四处碰壁。

李朋接收到他的诉求后，调研了3个多月，借鉴其他地区的数据，预估这个行业的市场前景、容量、厂家的利润率，也包括客户个人的信息。

李朋被客户每年花费将近100万元给家人买保险所体现出的风险把控意识所打动，决定合作，供给他100万元的额度，以融资租赁的方式帮助其添置打捆机。

十几台、几十台再到一百几十台，李朋见证了这个小伙子这几年业务上的腾飞，现在那个客户已成为山东省有名的职业秸秆经纪人。

一个安徽宿州的客户让林强印象深刻。过去这些年，这个客户把过去赚到的钱，都投到一块地上，盖起了厂房，储存粮食，共计投入300多万元。没有固定资产，意味着银行贷款这条路被堵死了。在张家口当地的包地大户里，充满着挥金如土的气息，街上开路虎的比比皆是。和他们不同，林强发现，这个客户特别务实，把钱都用来做实事。粮食生意流水一年有1000多万元，所赚都复投到了经营上。用比传统金融机构更灵活的考察方式，通过综合考虑，林强当时给这个客户办理了37.8万元烘干机设备的租赁业务。

这两年，当地的烘干机价格也开始水涨船高，他一直是林强稳定的客户之一，合作的累计交易额已近100万元，没有出现逾期还款的情况。

农户缺钱的问题解决了，在实际过程中，宜信普惠也有自己的困惑。2014年冬天，毛芳竹在下乡考察时，发现向宜信普惠融资租赁水稻插秧机的一个客户，种的水稻很好，但卖的时候不行，在帮客户找销售渠道时，销售平台提出要求：想溯源这个农户种植过程数据，以保证在售水稻的质量。

毛芳竹想，假如有一个更专业的第三方公司，可以接入设备，监控整个生产流程，就可以帮助用户更好地赋能，减少流通环节的信息壁垒。

可以固定种植数据、记录种植过程的中农慧种地软件，开始进入宜信的视野。

宜信的模式，也让困扰中农集团很久的问题，即怎么通过金融的方式增强农户黏性的问题，找到了一个答案。

2016 年，宜信和中农控股开始合作，联合成立中农普惠，想通过金融的手段，把产前、产中、产后打通，盘活销售渠道。

三、供应链

4 月播种，6 月中耕，8 月收获，和市场对接的销售渠道，看起来是漫长链接中的最后一环。对大部分农户来说，这最后一环并不容易。

尽管是当地种植的大户，孟金龙也常常会有一种无法掌控马铃薯价格的无力感。孟金龙种的“希森 6 号”，能卖到 0.64 元/斤，这和当地其他农户相比，已经是不错的价格了。但孟金龙觉得，在现有市场上，价格被土豆贩子控制。“他们高兴了就收你的，不高兴就走了，不收你的。”在孟金龙看来，种地像是一种赌博。“今年这个东西价格好，明年那个东西价格好，这就像押宝一样，也是运气。”尽管有软件的辅助，在中国现有的农业发展阶段和水平下，大多数农民仍没办法完全摆脱“靠天吃饭”的宿命。

过去几年，马铃薯的命运在国家政策的变动下，大起大落。这个在一万年前就被南美安第斯山脉原住民采摘的作物，曾在漫长的岁月中，帮人类抵抗饥饿。

历史上，一场土豆疫情就使爱尔兰出现大面积饥荒，数百万人逃到美国，其中就包括美国总统肯尼迪、里根的先祖。

2015 年起，农业部启动马铃薯主粮化战略，马铃薯和它的种植者，迎来命运的转折。主粮化后，各地兴起一窝蜂种马铃薯的高潮，市场很快饱和，价格又开始大跌，信息壁垒仍挡在农户的致富梦想前。

民丰的李文义认同种地是赌博的比喻。选择并没有看起来那么多。“现在淀粉厂面对市场剥削性的要价，正好赶在那个节骨眼上，大家货都销售不了，再加上环保比较严格，能开淀粉厂的不多，所以淀粉厂的价格就特别低，农户不卖给它就得扔。一进淀粉厂肯定赔很多钱，但不进淀粉厂又卖不了。”李文义说。

李文义举了一个例子。“比如乌兰察布种马铃薯 400 万亩地，从 50 ~ 100 亩的人到处都是，这些人从哪里得到信息和反馈、在哪儿发布信息、有谁能从他们这里买货，非常受限制。”

在“大土豆一卖，小土豆往淀粉厂一拉”的传统格局之外，李延秋所在的河北广聚，开始琢磨出更细化的分类：“没冻的，租库大概存 4000 吨；小薯再分，把大青头子和机械伤的，做削皮；2 ~ 3 两的，可以专门卖出做进出口外贸的；实在没有利用价值的，再进淀粉厂。”

32 岁的李延秋从不掩饰自己对种植马铃薯的喜欢。他的微信头像就是几个金黄的马铃薯。父亲是供销社主任，退休以后，一直做农资，这直接或间接地影响了李延秋。“记事时，我就开始接触马铃薯了。”数控技术专业毕业后，他就回到老家，天天和父亲在一起“捣鼓土豆这些东西”，并且和这个外表朴素抗旱耐寒的作物养成了深厚的感情，他骄傲地提起自己“在土豆行业当中也算小有名气，尤其是 2018 年，我所有的商品卖的价格在坝上地区是最高的”。

如今，对一个农民来说，种什么、怎么种、卖给谁，这样的终极问题，或许可以通过互联网的方法找到答案。

2018 年 8 月，内蒙古民丰 230 亩马铃薯，还在地里时，就找到了主人。通过合作，中农普惠把民丰的这些马铃薯，以每斤 1.3 元的价格卖到了千里之外的广州。

对农户来说，这是从过去盲目等待被市场挑选，到主动通过分选、分级、分销，在地头提前实现农产品商品化的一部分尝试。对中农普惠来说，这是其尝试以数据驱动供应链服务的一部分努力。“接下来我们将通过下游的明确需求计划，去反向驱动从种植源头开始的供应链服务”，中农普惠首席运营官周昕说。

如今，“慧种地”已和 13 家下游经销商达成合作协议，为它们提供稳定的标准规格商品，并将订单信息，比如价格、数量、品级要求等推送给“慧种地”客户，客户可以通过“慧种地”上的采收管理模块，规划销售和入库安排，以最高效率完成货源组织和发运。

伴随着大数据、物联网的发展，在李文义看来，未来的故事充满想象力。或许有一天，我们也可以通过像美国那样的飞机勘测，利用红外线技术去进行叶片颜色检查，大的企业可以集中在一起，成立一个专门的马铃薯实验室，进行病虫害检测，用科技去抵抗更多的未知和无常。

（作者系《美好家园》高级编辑）

如何用数字化解决小微企业的“哥德巴赫猜想”

夏芈印

王霞是杭州本地人，1998 年，开了十年食堂的她决定尝试做一家烧烤店，她的经营理念就是坚持对食材品质的严控，比如菜品必须当日采购、只选用肉质更好的公羊、只用自己研发的配方、只用一家合作 20 年的加工厂供货等。

但即便如此用心，在 2014 年，王霞的烧烤店仍然迎来了一段艰难时光，现金开始紧张。经营好，就需要扩张，而扩张之后，一旦某个环节出现周转问题，就会面临资金压力，这是目前众多餐饮、零售小微企业遇到的共同难题。

这个问题如何解决呢？正如宜信公司创始人、CEO 唐宁所说，“数字经济的价值跟过去传统经济企业的价值是不一样的，它有创新、有科技、有品牌，但这些都是无形的。餐饮小微企业有什么呢？没有可抵押的资产，但是有数据、有客流，交易信息、运营信息就是它的资源、资产。因此数字经济要对应新的金融形式，比如数字普惠金融；不仅仅要解决金融上的问题，还要解决小微企业的能力建设问题。”

一、两大瓶颈：信息不对称、期限错配

在 2018 年 11 月召开的 APEC 工商领导人峰会上，来自全球 21 个经济体的元首、外长、企业代表共同探讨的主题就是数字化创新与包容性增长，其中如何挖掘数字金融和投资潜力，以实现帮扶小微企业可持续发展是与会者最关心的话题，在传统普惠金融模式和技术条件下，成本高、效率低、服务不均衡、商业不可持续等全球共性难题依然没有解决。

在我国这个问题同样突出，中国实体经济生产主体可分为大中经济体和小微经济体两类，而小微经济体一直处于弱势，融资困难。如表 1 所示，目前国内小微经济体可细分为四类九层：第一类大中企业；第二类小微企业，约 2800 万户，含小企业和微企业；第三类个体自营者，约 1.2 亿户，含 6500 万户个体工商户和 5000 多万户自营就业者；第四类生产性农户，约 1.8 亿户，含专富农户、普通农户和贫困农户。

为什么大的金融机构服务不了这些小微企业？第一个原因是信息不对称，小微企业可提供的零散、孤立数据，对银行来说不足以作为金融服务的凭证，因此双方信息不对称、无法有效对接。第二个原因是期限错配，科技创新的特点是长期、无实物、高风险、高回报。这种创新行为与过去银行理财、信托理财产品资金来源是不匹配的。中国的创投市场需要长期的钱、耐心的钱、有温度的钱。这两个问题是普惠金融最大

的问题。

表1　　　　现阶段我国企业生态分布

<table>
<tr><th rowspan="2">金融服务</th><th rowspan="2">生产主体两大部分</th><th colspan="6">生产主体细分</th></tr>
<tr><th colspan="2">四类</th><th colspan="4">九层</th></tr>
<tr><td rowspan="2">大中金融</td><td rowspan="2">大中经济体</td><td rowspan="2">（一）</td><td rowspan="2">大中企业</td><td>1</td><td colspan="3">公益性基础设施和政府平台公司</td></tr>
<tr><td>2</td><td colspan="3">省龙头企业、省一般企业、其他大中企业</td></tr>
<tr><td rowspan="10">小微草根包容普惠金融</td><td rowspan="10">小微草根经济体</td><td rowspan="4">（二）</td><td rowspan="4">小微企业（约2800万户）（2017年末）</td><td rowspan="2">3</td><td rowspan="2">小型企业</td><td>县域龙头企业</td><td rowspan="7">农村四类新型农业经济体（约800万户）</td></tr>
<tr><td>县域一般企业</td></tr>
<tr><td rowspan="2">4</td><td rowspan="2">微型企业</td><td>乡镇村龙头企业</td></tr>
<tr><td>乡镇村一般企业</td></tr>
<tr><td rowspan="2">（三）</td><td rowspan="2">个体自营者（约1.2亿户）</td><td>5</td><td>个体工商户（约6500万户）</td><td>农民专业合作社（204万户）</td></tr>
<tr><td>6</td><td>自营就业者（5000多万户）</td><td>家庭农场（88万户）</td></tr>
<tr><td rowspan="4">（四）</td><td rowspan="4">生产性农户（约1.8亿户）</td><td>7</td><td>专富农户</td><td>专业大户</td></tr>
<tr><td>8</td><td colspan="3">普通农户</td></tr>
<tr><td rowspan="2">9</td><td rowspan="2">贫困农户</td><td colspan="2">一般贫困户</td></tr>
<tr><td colspan="2">低保贫困户（有一定劳动能力）</td></tr>
<tr><td colspan="3">合　计</td><td colspan="5">约3.2亿户</td></tr>
</table>

但近年来随着大数据、人工智能技术的进步，数字普惠金融业务的出现为解决这一难题带来了希望。第一，数字普惠有助于提升金融服务的可获得性。数字普惠金融通过电脑、智能手机等终端进行操作，不受时间、地点、气候等客观因素影响，使金融“血液”可以持续流向更深、更广的经济“末梢神经”。

第二，数字普惠金融有助于提升成本的可负担性。数字技术在普惠金融领域的创新运用，可以减少信息不对称，提高金融交易效率，降低金融服务边际成本，使得小微企业能够获取价格合理、安全便捷的金融服务。

因此，用数字普惠金融、数字化资产解决信息不对称问题，用创投、市场化母基金解决期限错配的问题，可以给小微融资这个世界难题打开一片天空。

二、实操艰难，但商通贷用了4年把这个壁垒凿开

真正将数字化技术应用到服务小微企业，远比想象的艰难。

小微企业规模小、经营特点各不相同，因此对金融服务的定制化需求远比大企业要高。比如，有的小微企业是夫妻店；有的法人代表和实际经营人分离；还有很多公司个人账户、公司账户混用，做生意、自己家买房子，钱都是混在一起用。在这种情

况下，做出适合的模型和产品非常难。

宜信普惠商通贷在服务小微方面，从2014年创立之初就做了很多探索，最终找到了针对性强，同时又可复制的解决方案。宜信普惠通过与二维火、e-Bay、亚马逊等平台的合作，把原来小微企业非常孤立分散的数据整合在一起，建立了一个跟合作伙伴实现数据共享的联合服务小微企业的模式，让这些数据资产发挥作用、产生价值。商通贷通过与不同的平台对接，面向不同的细分人群，通过数据积累和多维模型搭建，最终把这个模式逐渐运转了起来。

同时，这个模式能够反向帮助小微企业主更多使用数据经营软件，更有效地、稳定地为他们做财务管理。因为他们发现如果每个月都稳定的记账，就能够得到金融服务，但如果像过去那样一个季度记一笔，也没有明细，自己的管理混乱，金融机构也很难了解和服务他们，这也从客观上帮助小微企业提升了经营能力。

从客群画像看，商通贷服务的是月平均销售额在几十万元到一百万元出头的小微企业，正是国民经济发展中的“毛细血管”。在业务开展之初，商通贷选择了经营数据积累较为完善的电商领域，以“电商贷”产品为他们进行服务。宜信普惠商通贷总经理孙萌表示，“当时外贸平台在数据验真、反刷单、反欺诈、伪劣商品处理等方面已经有一整套完善的体系，我们先从外贸切入把业务模式跑通后逐渐扩展到内贸电商。”截至目前，商通贷已成为e-Bay在中国的对外跨境卖家官方合作伙伴，也是亚马逊的官方合作伙伴，合作伙伴还包括天猫、淘宝、京东上面的卖家。

商通贷的另一类产品就是“数据贷”，比如和像二维火这样的垂直行业的SaaS服务软件合作，同时也合作了一些做小微企业通用ERP的服务合作伙伴，包括金蝶、用友、管家婆等。通过与这些软件的接口，商通贷会获取非常多的数据，包括企业通过其服务平台授权的经营数据、税务数据以及ERP软件数据，同时也会增加宜信自身通过其他方式合法获取的外部第三方数据，以及长期积累的信用数据，实时通过风险模型对企业进行评价。

上述模式创新价值也得到了行业观察方的注意。商通贷也因此获得了2018年度亚洲银行家“中国最佳API产品项目”大奖，成为“亚洲银行家交易奖项计划”中唯一一家获奖的非银行机构。在孙萌看来，行业对这一模式的认可反映了金融服务的新趋势——一方面来自对金融科技公司在金融服务体系中的作用认可，另一方面来自对跨平台、跨行业系统的价值肯定。“评审方看重的是我们利用了很多支持小微数据的平台积累下来的数据，用多方对接和连接的形式实现线上的数据打通和数据处理。”

三、走出能力建设的困局

小微企业通过商通贷这样的优秀服务解决了融资难的问题，就真正获得了成长的机遇了吗？事情还不是这么简单。据公开资料统计，中国中小微企业平均存活时间不到三年，而美国七年以上的中小微企业一抓一大把，所以结论是中国创业的环境很难，难在哪？首先是缺资金，其次且更重要的是缺辅导。根据宜信联合中国劳动和社会保障科学研究院推出的《中国青年创业跟踪调查报告 2017》，小微企业面临的两大难题，一个是资金问题，一个就是自身创业能力不足。让我们看个例子：

Angel（隐去真实姓名，下同）家里是做展柜生意的，已经经营了十多年，做得非常不错，很多大品牌家具都指定她家做供应商。当 Angel 想创业的时候，却不愿意继续做自己家的生意，而选择了独立做艺术家具。她的家里人非常疼爱她，所以出人、出钱、出力，非常支持，但在发展过程中还是遇到很多企业运营的问题，而由于家里人从事的行业、产品、客户定位都不一样，所以给她提供的帮助没能解决太多的问题。

后续她的企业开始频繁出现问题，家里唯一能帮她做的就是不断给她投资，但这样的投资反而让她的自信心特别受挫。2017 年下半年，一个机会，她开始参加宜信信翼能力建设项目，她在学习过程中，通过同样是企业家的学员，还有引导师专家给她的一些帮助，逐步厘清了产品定价以及市场营销的策略，最终她放弃了传统家具专卖店这种销售方式，把体验店直接打进了杭州人文文化最集中的艺术区。在这个目标客户集中的地方，让这些人可以感受、参与、体验，甚至可以亲自来制作和设计他们的家具。不到一年时间，现在已获得了 100 多个客户和渠道资源的转化，让她的企业步入了正轨。所以宜信能力建设给她的是点石成金的金手指，而不是那一块一块压倒她自信的金砖。

从这个案件可以看出，企业在发展过程中也许遇到的问题不一样，但解决问题的方法有异曲同工之处，就是通过不断的学习，通过主动思考，去找到问题根本的原因。就像宜信公司企业社会责任部负责人钱芳认为的，“我国目前有超过 7300 万家注册小微企业和个体工商户，这个比例占企业总数的 80%。他们不知道自己该被帮助，也不知道该去哪里得到帮助，这件事情就是宜信信翼中小企业服务团队想做的事情，用公益化学习的方式，帮助他们的企业健康地发展，能力建设是普惠金融区别于传统金融最有力的一个抓手。”

到目前为止，宜信信翼已经拥有自主研发的线上线下课程大概 48 门，以及沙盘推演等丰富多样的项目案例。“我更愿意把这些内容形容成超市，因为每一个小微企业主在发展过程当中遇到的问题是不一样的，就像我们在家宴请朋友时，你自己会拉一个菜单，然后去超市，根据你的菜单去挑各种各样的食材，你不一定因为要做一顿饭，就要把整个超市都买回家。所以在宜信信翼提供的学习当中，区别于咨询公司或传统教育体系学习最大的区别就是点对点，定制化，实操性。”钱芳如是说。

早在 2016 年，宜信就提出了普惠金融三步走战略，运用数字化方式，通过小额信贷、微金融、能力建设等多元化的服务，帮助小微企业提升其生命周期。帮扶小微企业的第一步就是小额信贷，针对小微企业，利用大数据、云计算的科技手段，为小微企业提供信贷资金的帮扶。第二步是微金融，也就是为小微企业提供保险保障和现金管理等服务，例如商通贷。第三步则是能力建设，授人以鱼还要授人以渔，不仅要给予小微企业金融帮扶，还必须要给予小微企业能力建设的提升，让它们真正健康成长。

在数字普惠金融的助力下，越来越多像王霞、Angle 一样的普通小企业主和经营者，开始认识并享受到数据带来的价值。通过商通贷这样的便捷融资工具，用自己的数字化资产去换取信用信任和发展的资金；再借助宜信信翼这样的能力建设团队，获得企业发展解决方案。这仿佛给小微企业插上了一双翅膀，伴随着新旧产能转换的风口，相信未来小微企业必将迎来一个前所未有的良好环境，成长出一批批健康快乐的企业。

（作者系宜信公司品牌内容中心主笔）

金融科技助力供给侧结构性改革 发展民间金融平衡民企需求

许泽玮

2018 年下半年国内外的经济形势发生了巨大的变化，针对新形势中央提出了“六稳”的工作重点，经济的发展亟须新的动力。金融供给侧结构性改革第一次被提上了日程。

习近平主席在主持中共中央政治局第十三次集体学习时指出，金融活，经济活；金融稳，经济稳。当前的金融体系存在着诸多问题，已经无法适应新阶段经济发展的需要，需要构建现代化、市场化并且符合创新要求的金融服务。其中，疏通货币传导机制是重要的任务之一，当前它有两大阻碍：一是直接融资特别是股权融资占比较低；二是小微企业和民营企业的融资状况与其在国民经济当中的占比不相匹配，处于失衡状态。

金融如何支撑实体经济，尤其是民营企业、创新企业的发展，是我们需要关注的问题。长期以来，我们的金融服务以间接融资为主，在间接融资中又以大中型银行为主体，且内部的制度政策安排、技术能力以及激励约束机制不够健全。在国有企业借款结构中，银行贷款占据绝对主导地位，加上小微企业和民营企业自身信用等级较低的客观条件，使得它们高度依赖非标融资和“影子银行”，表内贷款极度乏力。

而表外业务转表内是大趋势，伴随着表外转表内的影响不断显现，影子银行快速萎缩。从 2018 年的社会融资结构来看，表外转表内，新增人民币贷款占比 81.4%，创 2003 年以来的新高；受资管新规和金融去杠杆影响，表外融资大幅减少，同比减少 6.5 万亿元，并且首次出现负增长，新增 -2.93 万亿元，占比减少 15.2%。

对于民企而言，2015 年至 2017 年非标融资占比分别为 43.9%、38.3% 和 15.4%。影子银行的快速萎缩，使得民企融资难度明显增大，加上 2018 年债券、股票市场的不景气，融资能力下降，民企融资渠道进一步被收窄，其融资难融资贵问题在 2018 年表现得尤为突出。

在我看来，民企融资难融资贵的根本原因在于体制性的问题导致的信贷供需不平衡，缺少能与民企、小微企业相匹配的“下沉式”金融机构。

所以，货币政策需要配合改善营商环境、政商关系的相关措施实行普惠金融，平衡好总量指标和结构指标，推动宽货币转向宽信用，切实疏通货币政策传导机制。

一是我们要客观看待影子银行对民企融资的作用，推动其良性发展，缓解融资断层。在国际经验中，影子银行的发展客观上缓解了金融系统中长期存在的中小微企业的融资需求，美国的影子银行最初对美国经济发展也起到了重要而积极的正面作用。我们要看到民间金融在服务中小企业融资贷款方面起到的雪中送炭的作用。它应该像所有民营企业一样，得到充分的身份认同、成绩认同和政策扶持。

我们在守住金融不发生系统性风险底线的同时，要正视民间金融在金融体系中的作用，不能“一刀切”式地全盘否定，要加强监管和制度的约束，引导其向合规、健康和可持续的方向发展。

二是完善金融基础设施。随着互联网技术的日新月异，传统的金融基础设施已经不能满足现在金融机构的发展和行业监管的实际需要。金融运行效率的低下，自然会推高融资成本，可直接导致民企融资贵融资难和实体经济的产出下降。所以，我们要建设高效、安全的设施体系，包括交易系统、信息系统、支付清算系统、征信评级系统等。

三是推动金融科技的发展，以金融科技应用成果促进金融渠道有效下沉。我们要充分利用大数据、云计算以及人工智能等现代化手段，推动“金融+科技”的深层次融合，通过发展数字普惠金融增加金融服务的覆盖面、可获得性和便利性。金融科技可以提升传统金融服务水平、创新和丰富金融产品、拓宽服务领域，使得金融朝着个性化、多元化和服务精细化方向发展，同时提升资源配置效率和金融风险的防控能力。

金融科技为传统金融机构赋能，具有强烈的普惠价值，它们在发挥各自优势基础上进行融合，能够起到 1+1>2 的效果，有效提升民企特别是中小企业融资效率。

四是提高直接融资比重，特别是股权融资比例，从源头上减少民企对债务融资的依赖。抓住科创板机遇，助推创新型民营企业进入资本市场；发展 PE、VC、天使基金等新金融业态以提供相匹配的金融服务，它们对风险的包容度与银行放贷注重的偿债能力截然不同。

（作者系北京市互联网金融行业协会党委书记）

第五篇 新挑战 新对策

美国加密资产的多头监管分歧

方 晓

过去几年里，熟悉区块链的人都了解，加密货币（Coins）和代币/通证/令牌（Tokens）（统称加密资产，Crypto）增长迅速。据传，市面上目前活跃着2000多种加密资产。其中，一些加密Coin（如比特币）的设计目的显然是作为传统法币的替代品，但另一些加密Coin和Token，其设计更多考虑了功能性。例如，以太币支持了整个以太坊社区，多数Token又运行在以太坊这个平台之上。Ripple体系则利用XRP（瑞波币）促进银行和支付提供商的跨境金融交易。

尽管许多加密资产具有多重功能，并不单纯用于作为法定货币的替代品，但美国监管机构倾向于将这些资产集合归为单一类别。这显然是基于“Cryptocurrency”这个术语的误导——这个词常被用于泛指加密资产，而无视具体加密Coin或Token的性质如何。因此，监管机构倾向于对所有加密资产进行统一认定，将其全部都归为“虚拟货币”，便不足为奇了。

一、加密资产究竟是什么

最初，将所有加密资产视为货币替代品的监管方法可能是有道理的。中本聪关于比特币的白皮书里专门谈到了用新型货币体系取代传统支付系统的必要性，且“比特币”一词中自然也包括了“币”这个字。此外，比特币的最初的一些衍生后代——所谓山寨币，尽管都各有神通，但都以取代法币为山头旗号。鉴于这一“黑”历史，再加上监管机构认为应迅速介入以解决当时系统中正在激增的市场滥用行为，“加密货币”一词便自然被用来涵盖所有此类资产，而且，自然而然地，对加密资产也便采取相应的“一揽子”整体方式进行监管。

这种监管横扫一大片的方法现在正在受到批评，因为并非所有加密货币和代币都旨在充当传统货币的角色。按照传统定义，货币通常指的是单纯用作交换媒介、价值存储和/或记账单位的等价物。因此，人们可能会认为，既然加密硬币和代币可以像传统货币一样使用，那么硬币和代币显然便是“虚拟的”货币，它只作为交换媒介、价值储存或记账单位，而没有内在价值或外部效用。然而，加密资产绝非如此。

在单一归类思维下的美国监管机构，一旦认为某些加密资产是货币，则存在将所有加密资产归为货币的倾向，抑或将其统统归为财产、商品或证券。同时，每个机构都倾向于对同一资产进行不同的分类，以便强化自身的管辖权。这两个不好的倾向，使得当下的美国加密资产面临着重叠、混乱和极其复杂的监管环境，加密产品的开发人、发行人和中间商都必须努力去合规，这对他们造成了不小的困扰。

（一）加密资产就是货币——美国金融犯罪执法网络（FinCEN）以及州银行监管机构

最早对美国加密资产出手进行监管的机构是财政部，当然，这主要是通过 FinCEN。依据《银行保密法》（BSA），FinCEN 的使命是规范资金流动，防止其用于资助恐怖主义或洗钱活动。为此，它要求金融机构履行一系列资金监控、交易记录和交易报告的义务。而经纪商/交易商由于可能通过证券交易促进类似非法活动，亦在其监管之列。

因此，当早期的加密货币被少数人用来为非法活动融资时，财政部和 FinCEN 便主张将加密资产视为虚拟的“钱”，从而把加密资产的参与者纳入管辖。2013 年初，FinCEN 发布了指引，将虚拟货币定义为缺乏法定地位的任何“交易媒介物”，它“或者具有相应的真实货币价值，或者是作为真实货币的替代品。”任何促进使用该交易媒介的中间人都属于“货币转移者”，需要向 FinCEN 报告，受其检查，并需遵守 BSA 下的反洗钱和了解客户（KYC）条例的要求。

应该说，FinCEN 虽然有合理的公共政策理由来监督这类资产，但它的确使用了一个过于广泛的虚拟货币定义来实现其目标。像任何其他财产一样，加密资产必然是具有真实货币的价值，并且，无论其是不是开发者的意图，也无论其是否有功能性效用，又无论其目标用户是谁，大多数硬币或代币的确都可以作为交易媒介。重点在于，传统货币除了作为货币功能之外没有其他目的，但 FinCEN 关于虚拟货币的定义没有考虑到加密资产与传统货币的差别，这无疑扩大了 FinCEN 的管辖范围。换句话说，FinCEN 的定义使得那些从未打算将加密资产作为货币的发行人受到了专门为从事转移和交换货币的机构所设计的规则的制约。

除了联邦层面的 FinCEN 外，美国一些州的银行管理机构也倾向于这样的定义，将所有加密资产视为虚拟货币。例如，国家银行监管者会议（CSBS）将虚拟货币定义为不具有法定货币地位的“用作交换媒介、记账单位或价值储存的价值的数字代表形式”。另外，为了帮助各个州具体裁定虚拟货币业务是否应适用各州的货币转移法令，美国统一法律委员会（ULC）于 2017 年发布了一个“统一法”，其中也将虚拟货币定义为“符合下述特点的价值的数字表示形式”：（1）充当交换媒介、记账单位或价值储存；（2）不是法定货币。该法案会对这类货币转移业务施加相当多的监管要求，但截至 2018 年 9 月，这个“统一法”尚未被任何州所采纳。

事实上，各州的货币转移法令的适用情况差异很大。有十几个州要求这些企业获得货币转移许可证或其他形式的授权。例如，在纽约州，从事加密货币交易所运营需要获取BitLicense执照。但还有十个州，加密货币运营不需要任何许可证，除非涉及主权货币的操作。剩下的几乎一半的美国州，要么至今保持沉默，要么还在讨论该问题。

这种分州监管方法的一个问题是，大部分涉及加密资产的货币转移业务都会在多个州开展业务，因为加密资产本质上是一个在线业务，客户显然来自各地。与来自多个州的客户进行业务的企业可能在遵守联邦银行监管的要求的同时，还必须遵守来自一大票各自不一致的州的货币转移法令的要求。而且，因为所有加密资产都被视为货币，所以这些规则不仅仅适用于每个具有真实货币价值的硬币或代币的发行者，还适用于这些资产的交易中间人。

（二）大部分加密资产都应算作财产——美国国内税务局

另一个监管的早起者是美国国内税务局（IRS），它在2014年采用了类似的“虚拟货币”定义。为了说明如何将“现有的一般税收原则适用于基于虚拟货币的交易”，IRS在一份指引中将虚拟货币定义为“作为交换媒介、记账单位和/或价值存储的价值的数字代表形式”。和财政部的定义一样，该定义将所有加密资产尽入囊中，因为一旦加密资产有任何真实货币，或者如果它意图作为法定货币的替代品，则在实际上它会无法避免成为交换媒介、记账单位或价值储藏工具。这种广泛的定义忽略了资产的设计功能以及定价和交易方式。

不过，虽然同意对所有加密资产统一对待，但是IRS宣称，基于税法，不将其归类为“货币”，而是认定其为“财产”（Property）。这个差异带来的重要后果就是，美国纳税人将无法使用加密货币产生外币收益或损失来规避联邦所得税。另外，IRS还要求加密资产交易者必须履行类似于股票交易相关的记录和报告义务。此外，IRS还规定，在2017年12月31日之后，这类财产不再符合所谓“类似资产”（Like-kind）的例外税收处理资格。这意味着，两种不同加密资产的互换导致的利润和损失，以及对同一种资产的回购导致的利润和损失，都需要计税。

尽管有上述一般的观点和方法，但是IRS在将加密作为财产处理方面并非一以贯之。2016年，IRS曾通过美国司法部强制Coinbase公司上报其在过去三年内曾参与过可兑换加密货币交易的美国客户名单，以作为对加密资产的系统性交易报告不足情况的反制。实质上，在这种情况下，IRS是将Coinbase视为金融机构，将客户之间交易的加密资产视为货币。

还有一些加密资产税收处理的未决问题。一个普遍存在的问题是加密是一般财产还是资本性资产？其答案决定了资产出售产生的是一般损益还是资本损益。IRS对此表示要视具体情况而定。在这方面，IRS的指引仅仅是说，股票、债券和其他投资性财产通常被视为资本性资产，而用于出售的库存和财产则不是。这意味着每个纳税人都需要在出售或交换资产时对自己持有的虚拟货币进行认定。

一些与虚拟货币有关的事件也会引发税务问题。例如，2017 年 7 月，一群矿工发起了比特币分叉，并创建了比特币现金（BCH），之前拥有比特币的所有美国纳税人都收到了所谓的“空投”BCH。这导致比特币所有者按 1∶1 比例获得 BCH。目前尚不清楚 IRS 是否将此交易视为股息，即应立即缴纳税款，或者只有在持有的 BCH 被出售时才会要求持有人报告收益并纳税。

然而，虽然有这样或那样的问题，但总的来说，IRS 的结论仍然是，加密资产是联邦所得税法管辖下的财产。当然，这只是联邦层面的认定，而大多数州也有自己的税收标准。许多州对向加密资产征税保持沉默，有些州采用联邦方法，有些州则明确拒绝联邦方法。另外，到了州一级，税务问题还包括销售税的问题，这方面大多数州尚未采取行动，少数州表示虚拟货币的交易需缴纳销售税，而有些州则明确表示不征收。在执行销售税的州中，关于税收计算（是基于加密资产价值或是基于其他财产的价值）的处理也不一致。

（三）所有加密资产都是商品——商品期货交易委员会

商品期货交易委员会（CFTC）对虚拟货币的监管可以追溯到 2014 年，其定义与 FinCEN 和 IRS 一致。但基于定义所得出的结论却也有自己的考虑。

CFTC 在 2017 年发布了关于虚拟货币的“初步指引”，明确套用了 IRS 的定义，即将虚拟货币定义为一种“交换媒介、记账单位和/或价值存储工具”，其作用类似于“真实”货币而缺乏“法定地位”。不过，定义虽然一样，但 CFTC 将虚拟货币认定为一种商品，这显然和 FinCEN 的监管立场相悖。因为早在 2008 年，FinCEN 曾认定，那些由 CFTC 监管的商品经纪人和交易商通常不属于货币转移者，这与先前讨论的 FinCEN 立场（将涉及加密资产交换的企业作为货币转移者）有矛盾。

CFTC 在这个领域插一手的理由非常充足。CFTC 重点关注其监管的市场中的欺诈和市场操纵行为，这不仅包括期货和衍生品市场，还包括商品现货市场。加密资产行业欺诈性交易活动的猖獗使得 CFTC 拓展了关于加密资产的定义并积极介入。虽然 CFTC 的监管方法同样没有考虑到各种硬币和代币的显著差异，但 CFTC 确实对任何涉及虚拟货币的期货合约或衍生品都具有监管和执行权。不过，根据其国会授权范围，在虚拟货币直接交易方面，CFTC 只具有执行权，不能通过设置加密资产现货交易标准来进行直接监管。

（四）通常而言，加密资产是一种证券——美国证券交易委员会

证券交易委员会（SEC）是联邦一级的对加密资产的最后一个主要监管参与者。SEC 对加密领域的监管一直非常活跃，因为公众普遍担心性格纯良的投资者会被狡诈的发行人和第三方所欺骗。SEC 在 2017 年发布了一份投资者公告，警告公众参与首次币发行（ICO）的风险，同时，也明确提出了虚拟货币的定义，即“可以通过数字交易并作为交换媒介、记账单位或价值存储工具的价值的数字表现形式”。但该公告也指出“虚拟代币或硬币也可代表其他权利”。因此，美国证券交易委员会的监管出发点并

不是特定资产是否被视为虚拟货币，而是主要看该资产是否作为投资合同出售。

这种方法被称为 Howey 测试，具体内容可参考美国最高法院的判例［SEC 诉 Howey Co.，328 US 293（1946）］，该测试列出了投资合同的几个指标：（1）是否存在投资；（2）该投资是否是资金或有价物；（3）是否投资于一个共有实体；（4）投资者的预期是否是获得利润；（5）是否主要基于创业者的努力或第三方的努力（而非投资者的努力）。如果所有这些问题的答案都是肯定的，那么该资产就是证券。显然，美国证券交易委员会的结论是，发行硬币或代币基本上属于证券出售行为。

但是，根据这种测试方法，一些虚拟货币不能作为证券进行监管。SEC 指出，两个最大的加密资产——比特币和以太币，都不是证券。这个判定并不是基于比特币和以太币出现时资产或开发者的行为，而是基于今天的市场现状。比特币和以太币的所有权已经非常分散，是市场决定了其盈利能力，而不是由任何特定第三方来创造价值。因此，这些资产目前不受证券交易委员会监管。

除了在联邦层面管理证券的 SEC 之外，加密资产的销售也可能引发州证券管理机构的监管。例如，截至 2018 年年中，已经有许多州根据州法律针对涉嫌欺诈的 ICO 提起诉讼，包括得克萨斯州、马萨诸塞州、新泽西州和北卡罗来纳州。许多州依靠 Howey 投资合同测试方法来确定各种权益是否为证券，但另有一些州拒绝遵循这种联邦方法，而使用“风险资本”测试法。该测试询问：（1）受要约人是否向要约人提供了价值；（2）至少部分价值受到企业的风险影响；（3）受要约人需通过要约人的陈述获知，由于企业的运作而超过初始价值的有价值利益将返还给受要约人；（4）受要约人有权对企业的管理行使实际的控制权。由于遵守联邦法律并不能自动确保符合州法规要求，因此这可能会对加密资产的开发者和出售者带来不一致的监管要求。怀俄明州是第一个明确豁免“功能性代币”证券法义务的州，但该种代币的开发者或出售者需向州务卿提交意向通知书，表明代币的目的是用于消费，可以兑换商品、服务或内容，开发者或出售者不得将该代币作为金融投资品出售给原始投资人。

（五）其他一些机构的参与

其他联邦机构也可能在特定情况下参与监管。例如，联邦贸易委员会（FTC）已经叫停了一些可能会形成欺骗性广告的加密资产活动。由于认识到加密资产可以被用于欺骗公众，联邦贸易委员会设立了一个区块链工作组专门负责处理相关事务。

同样，美国司法部（DoJ）在追究加密资产业务的潜在刑事责任时也会参与进来。美国司法部仅当违法行为构成其他监管制度下的犯罪时，代表国家对当事人进行起诉。但是，它没有设定自己的加密资产或虚拟货币定义，除了其他联邦机构监督的要求之外，它没有其他强制要求。

同时，如前所述，各州政府机构也积极监管加密资产交易。

二、格局症结

综上所述，根据现行的监管体系，加密资产可能同时被 FinCEN 认定为货币，被 IRS 认定为财产，被 CFTC 认定为商品，被 SEC 认定为证券。不仅仅这些资产本身会被进行不同的分类，涉及这些资产的交易行为也可能会受到多种监管要求的约束。其中一个最大的问题是，即使每个监管机构都各自认为不应该扼杀该领域的创新，但如果多个权力机构对同一资产和同一交易进行监管，并具有实质的执法权力，那么总的监管负担也会相当沉重。

美国大多数监管机构都认为区块链技术及其发展具有重要革命性意义，在该领域的技术进步非常重要。例如，CFTC 主席 J. Christopher Giancarlo 就曾告诫立法者，必须“在稳健的政策和监管与私营部门的创新之间寻求合理平衡”，以确保“新技术”的发展促使美国市场以负责任的方式向前演进，促进美国的经济，增进繁荣。美国证券交易委员会主席也指出，应在行业的合理需求与适当的有效监管之间取得平衡，避免过度监管。

然而，很明显，这种微妙的平衡未必那么容易实现。举例，对于加密资产的出售行为，SEC 要求任何硬币或代币在出售前必须进行登记或明确免予登记。在 SEC 进行登记时需要进行非常详细的披露，即使免予登记，证券法中的大多数豁免条件也要求产品管理者向投资者披露相当多的事前信息。此时，似乎没有必要再让产品管理方向其他监管机构（如 CFTC 的现场监管要求）提供内容近似、格式大相径庭的信息。

事实上，即使只存在单一监管机构，其部分行政决策也对市场多有阻碍。SEC 对一系列比特币交易型开放型指数基金（ETF）申请的反应便是一例。ETF 本质上是一种投资工具，允许投资者在交易所通过经纪公司购买“一揽子证券”。基于加密资产的 ETF“对于为加密资产交易带来合法性至关重要”。不幸的是，SEC 迄今拒绝批准任何此类 ETF。其明确的理由是，这些产品会引发过大的“市场操纵和欺诈”风险（译者注：美国市场的比特币 ETF 发行正在推进中）。虽然从个案（具体的 ETF 申请）来看，SEC 的结论也许是合理的，但其结果是，加密资产运作的空间可能会受到重大限制，这显然有悖于促进该领域创新的初衷。实际上，传统 ETF 普遍存在沉重的监管负担，这也许是惯性使然——ETF 受《1933 年证券法》和《美国 1934 年证券交易法》以及《1940 年投资公司法》的监管，其成了“美国受监管最严格的投资产品之一”。但是，如果一个活跃的 ETF 交易平台对于加密资产的长期运营确实很重要，SEC 的不支持态度是很不利于市场的。实际上，由于 SEC 多次拒绝 ETF 申请，比特币市场一直处于低迷状态（当然，其他因素也起到了作用）。

在过度监管的对立面，各监管机构的权力和管辖权的重叠也导致某些资产的发行或交易没有任何机构有明确的管辖权。例如 SEC 不予认定为证券的某些类型的加密资产，如比特币和以太币，显然，由于欺诈和操纵行为的持续存在，这些市场也需要必要的监管。虽然在这方面，CFTC似乎是合乎逻辑的选择，因为比特币和以太币都被该机构视为商品。但是，很明显，根据目前的法定授权，CFTC无权管理现货市场和非期货交易方式的虚拟货币交易。“CFTC无权进行下述方面的监管……包括登记、监督、交易报告、人事标准合规、客户教育、资本充足率、交易系统保障、网络安全检查或其他要求。”而鉴于过去的经验，在发生欺诈和操纵之后，CFTC的事后执法权是相对不足的。

三、路在何方

迫于现实可行性，似乎难以从任何机构的管辖范围中剔除加密货币或完美地整合监督权力。比如，先前美国整合CFTC和SEC职能的尝试并没有取得满意的进展，便是一例。不过，立法者和监管者都明确承认，现有当局拥有不同领域的专长；司法部门也认可了目前存在的并行管辖权。也许，最合理的处理办法是，让这些监管机构采取更加协同一致的工作方式，协调执法和监管。不过，这可能需要一种更加精细的监管思路，比如不再将所有加密资产混同为一，并且每个机构的具体专业知识都需要得到强调和尊重。

具体来说，并非所有加密资产都像货币那样运作。一些加密资产的设计思路是成为传统的投资工具的替代，这些资产似乎与美国证券交易委员会的投资监管专长较为匹配。而作为货币替代品的加密资产似乎更符合CFTC的框架，而涉及加密资产的衍生品和期货合约显然也属于CFTC的管辖范畴。FinCEN和其他银行管理机构的着眼点应该是加密资产交易中介是否和传统金融机构一样从事货币转移业务。如果不是每个加密资产都应被视为货币替代品，那么相关中介机构也不应该全部都被视为货币转移者。IRS在税收处理方面也应该重视这种差异化。

一言以蔽之，监管的转变需要相应的思维范式转变。

四、政策启示

本文旨在描述近五年以来美国金融监管层对加密资产的性质认定分歧、主要政策考虑、几大主要监管主体在加密领域的监管重叠问题及对策。

作为全球加密资产方面监管较为体系化的国家，美国目前形成的加密监管格局并不是刻意为之，而是源于各种因素的合力使然。

其一是现实情势的需要，早期的加密货币及衍生山寨币积累了较大的局部风险，加上之后全球范围的ICO乱象，迫使美国当局在前几年实行了先监管后创新的粗放思路，从严管理，扩大监管面，对整个加密资产类别的统一性质划分也正是源起于此，这种“一刀切”的思路也造成了相对性的监管过度。

其二是基于成熟的传统金融监管体系的禀赋，成熟的机构职能划分，严密的税收和金融法规系统，以及一些非常有价值的判例和标准，使得美国的加密资产体系能够在一个参考系非常明确的外部环境下发展，但这种既有体系也会造成一定的灵活性不足，尤其是对跨资产类别、全新结构的加密产品来说，重叠和空白区域可能会带来一些风险与监管的错配，引发道德风险。

其三是监管体系中不可避免的政治经济学因素，不同条线、不同地域的监管者始终存在着监管资源竞争、扩大管辖权的冲动，这体现在对加密资产的多头管理和各自为政之中，理顺监管当局关系、整合监管资源，是未来需要解决的一个复杂难题。

其四，最后一股力量，是最近这两年美国对区块链技术创新和加密资产的一个总的监管思路——“不做阻挠者”，这条总纲基于的是对区块链技术的潜在革命性作用的明确认识，也是对前几年监管先行思路的一个反思。虽然没有英国等国家沙盒监管理念那么激进，但在美国监管机构与市场创新主体的互动中，这条总纲是一个鲜明的中间平衡力量，其监管中性的“心理锚”作用有助于实现市场创新活动及其风险的预期管理。

个人以为，区块链及加密资产的勃兴，不论其初衷如何，仅就其基本逻辑来说，它其实提供了包括监管者在内的全社会重新思考货币、投资、信用关系本质的一个契机。也许，重要的不是眼前的一花一叶之纷扰，而是对未来人类关系新结构的大胆想象和判断。

（作者现供职于中国债券登记结算公司，曾供职于国际货币基金组织）

保险科技新趋势

宜信研究院

一、理论基础

（一）互联网保险

纵观互联网保险的20年发展历程，互联网保险从无到有、从有到盛、从盛到优，总量上保费收入已经稳步增长至2016年的2347亿元，较2006年的接近9亿元规模实现了约260倍的增长。

随着保险与互联网、保险与科技的融合发展，互联网保险的运营和商业模式也在发生变化，从最初的保险公司自建网站直接销售，演变至专业保险中介网站和电商平台代理销售，再到以虚拟化专业互联网保险公司推动的场景化服务下兼业销售。与此同时，保险科技概念下产生了基于数据分析的面向投保人需求的定制化产品和服务，保险业的理念也经历了从产品导向到客户导向、从销售驱动到科技驱动的转变。

自1997年我国保险第一次“触网”，我国互联网保险在发展中经历了保险网上营销、保险电子商务、第三方保险电子商务、专业互联网保险、保险科技等一系列的转变阶段，此间伴随着互联网的爆发、电子商务行业爆发、互联网金融爆发以及金融科技的大发展，分别在不同的阶段呈现出了相应的发展态势。

总的来看，我国互联网保险在以下六个时期出现了具有鲜明特点的阶段性发展特征。

1. 萌芽孕育期（1997年至1999年）

早在1997年，我国网上电子化保险的雏形已经出现。当年11月28日，由中国保险学会和北京维信投资股份有限公司共同发起，由北京英泰奈特科技有限公司提供技术支持，全国首个信息化保险资讯与保险销售的线上网站“中国保险信息网”正式上线。上线当日，就有客户在新华人寿保险公司设立在中国保险信息网上的线上服务站点预约投保并签订了投保意向书，由此诞生了我国首张从互联网渠道产生的保险单。

在当时，中国保险信息网通过专门设计的数据库向保险公司和社会大众提供保险新闻、险种信息、网上投保意向书、投诉信息、人才招聘信息等服务，并提供保险公司与访问用户间的相互沟通。但此时真正意义上的互联网保险模式尚未出现，投保人通过中国保险信息网仅能获取保险资讯和保险产品信息，以及操作简单的咨询或投诉等功能，投保过程仍然需要在线下完成。尽管此时互联网保险仅是保险营销线上化，但从此互联网保险的发展揭开序幕，到2000年，全国25家保险公司几乎全部拥有了互联网主页。

2. 起步探索期（2000 年至 2003 年）

随着国内保险网络营销的普及，正经历蓬勃发展的电子商务行业在探索专业化和垂直化的发展方式时，注意到这一具有潜力的方向。朗络电子商务有限公司适时推出了包括“网药”“网碟”“网妆”等在内的一系列垂直电子商务网站。2000 年 3 月 9 日，朗络的系列垂直电子商务网站涉足保险领域，我国首家保险类电子商务网站“网险”正式运营。网险网具有在线投保、核保、认证和支付等一系列功能，并与首批进驻的中国太平洋保险公司北京分公司推出了 30 余种支持网上投保的保险产品。但此时，缺少法律对保险网络销售合法性与有效性的认可，保险公司仍需要签发纸质保单并邮寄发送至投保人处。同时，保险公司自建网站所提供的网上投保服务往往仅限于保险产品和条款的发布，而不具备真正意义上的网上投保和网上服务功能。

变革最先出现在航空意外保险领域。2002 年 9 月 28 日，中国人寿、太平洋保险、平安保险始于当年 2 月份的探索实践开花结果，三家保险公司联合中国民航开发的“航意险计算机网络销售项目”签售出了我国第一张航空意外险电子保单。2002 年 12 月 30 日，原保监会下发了《关于加强管理航空意外险规范管理有关问题的通知》，要求在 2003 年 3 月 1 日之前保险公司航空意外保险必须实现电脑联网出单和实时管理。但在缺乏有效网络安全标准和电子凭证法律效力认可的情况下，航意险电子出单仅是出于资料电子化与联网便于核保的目的，而非简化投保和服务的全流程。

3. 扩大发展期（2004 年至 2009 年）

在互联网发展和市场需求的推动下，2004 年 8 月 28 日，全国人大常委会正式通过了《中华人民共和国电子签名法》，随着 2005 年 4 月 1 日的正式实施，电子保单的法律效力真正得到了认可。该法实施当日就由中国人民财产保险股份有限公司签售了我国第一张线上全流程电子保单，中远集团公司厦门中远货运有限公司成为首个网上投保的企业客户。中国人保采用了电子签章技术以确保电子保单的不可篡改与不可否认性，投保人只需要登录中国人保财险电子商务平台“e－PICC”，即可全流程在线完成保险产品的投保、支付、出单、报案功能。此时，真正意义上的互联网保险才正式步入时代的舞台。截至 2005 年底，我国共计有 54 家公司开通网站，占全部保险公司的七成以上。

随着 2006 年我国进入新的发展阶段，保险信息化成为我国保险行业发展的“十一五”规划重要任务和目标。此时，第三方保险电子商务开始迅速涌入。中国保险信息网推出了保险交易大厅功能，着力为保险电子商务提供网络保险支持服务。2006 年 7 月 20 日，由北京佰盈通咨询公司和中体保险经纪公司联合 13 家保险公司成立上线了保险超市网站“买保险网”，在网上投保功能外还提供了支持投保人快速查找保险产品及报价的比价搜索系统。截至 2010 年，“慧择网”“久久保险网”“优保网”等一系列十几家保险电子商务平台纷纷成立。时任保监会副主席李克穆在当年提出，“大力发展电子商务是保险业转变发展方式的重要途径，也是保险业实现科学发展的客观要求”。

4. 爆发增长期（2010年至2014年）

到2010年6月，我国网民规模突破4亿人，互联网普及率增长至31.8%，其中月收入3000元以上的网民占比升至30.3%，网络购物用户规模达到1.42亿人，半年用户增幅达31.4%，网络支付使用率为30.5%，半年增长36.2%。互联网和电子商务发展的迅猛势头也带动了网络保险的发展，保险公司开始大举猛进发展保险电子商务，尝试通过网络、电话、第三方支付平台等多元化渠道实现保险销售。2010年中国人保财险推出手机WAP保险电子商务网站，开创手机保险销售模式。2011年安邦保险首次推出了网络视频保险销售模式，通过在线视频连线的方式提供保险产品咨询服务。2012年12月，泰康人寿在京东商城上推出了近10款保险产品；同月，国华人寿在淘宝平台上推出了3款万能险产品。

在此期间，《互联网保险业务监管规定（征求意见稿）》和《保险代理、经纪公司互联网保险业务监管办法（试行）》于2011年发布，经营互联网保险的准入标准、经营规范、违规红线等都得以明确。2012年1月，保监会开始批复首批互联网保险销售备案资格。随着互联网保险发展的政策不确定性障碍被消除，已经进入行业的机构积极申请备案资质，而更多机构欲抓紧机遇正急切筹备和实施拓展互联网保险业务的战略与计划。2010年7月，泛华保险服务集团斥资4.74亿元收购深圳保网，并宣布成立泛华保网电子商务公司，拓展网络保险销售。截至2013年，太平保险、中国人寿、新华人寿等纷纷成立了独资或控股的保险电子商务平台。

与此同时，互联网公司的视线也关注到了互联网保险领域。2013年10月16日，保监会发布了《关于众安在线财产保险股份有限公司开业的批复》的公告，标志着中国首家专业互联网保险公司正式成立，意味着在探索互联网保险创新上我国迈出了历史性的一步。众安财险由阿里巴巴、平安集团、腾讯公司等共同发起和设立，齐聚互联网领域的业界巨头。2014年8月13日，国务院发布了《关于加快发展现代保险服务业的若干意见》，明确提出“支持保险公司积极运用网络、云计算、大数据、移动互联网等新技术促进保险业销售渠道和服务模式创新”。保险业新“国十条”的发布为行业改革发展提出了明确的方针与方向，促成行业发展新机遇。截至2014年，有经营互联网保险业务的保险公司已经占保险系统机构总数的近半数，互联网保费规模也已经增长至全年超过800亿元，同比增长近3倍。

在发展过程中，互联网保险的一些潜在风险也逐渐引起监管部门与社会各界的注意。2014年1月6日，保监会印发了《加强网络保险监管工作方案》，部署调研网络保险与完善监管制度等相关工作。2014年中国保险行业协会牵头编写了首份《互联网保险行业发展报告》，其中指出互联网保险的八大风险，包括业务信息安全风险、营销模式风险、产品开发风险、资产负债匹配风险、操作风险、声誉风险、交易可回溯风险及互联网保险创新模式风险。

5. 规范成长期（2015 年至 2016 年）

为了贯彻落实保险业“新国十条”，在保监会的推动下，专业互联网保险公司试点工作于 2015 年开始，在支持已批准设立的众安财险拓展业务领域的同时，保监会批准筹建了易安财产保险股份有限公司、安心财产保险有限责任公司、泰康在线财产保险股份有限公司共计三家互联网保险公司。

随着互联网金融的迅速增长，行业出现良莠不齐的发展，与此同时风险也出现集中爆发。2016 年末的“侨兴私募债”事件，让互联网保险信用保证保险业务一度成为风口浪尖的风险话题。此外，互联网保险从产品创新出现异化的博眼球赚噱头，行业推出了一系列诸如“赏月险”“恋爱险”等所谓奇葩险种。这些忽视保险原理的行为承载了过量的风险，并可能存在欺诈违法行为。

在这一背景下，国家将互联网金融的健康发展提升至关键地位。2015 年 7 月 18 日，中国人民银行等十部委联合发布了《关于促进互联网金融健康发展的指导意见》，在支持鼓励互联网保险创新的同时，确立了开展互联网保险所需依循的原则。2016 年 10 月 13 日，国务院办公厅公布了《互联网金融风险专项整治工作实施方案》，自此正式揭开了始于当年 4 月的互联网金融行业乱象整治的序幕。保监会同日发布了《互联网保险风险专项整治工作实施方案》，互联网保险的准入受到严格管理，此外现有互联网保险经营资质也需要重新排查，重点清理非法经营机构、查处纠正违规开展业务，包括互联网高现金价值业务、保险机构依托互联网跨界开展业务、非法经营互联网保险业务。当年下半年，保监会先后叫停了前海人寿、恒大人寿、华夏人寿、东吴人寿等 8 家保险公司的互联网渠道保险业务。

6. 创新转变期（2017 年至今）

2017 年，保监会副主席魏迎宁曾公开表示，互联网保险创新发展已经进入下半场，创新重点应由以保险公司和销售为中心，向客户和服务为中心转变；由增加保费收入和扩大市场份额为中心，向保障客户利益和提供精准服务为中心转变。2018 年 10 月，银保监会向银保监会机关各部门、各银保监局下发《互联网保险业务监管办法（草稿）》征求意见的函，表示将建立互联网保险业务服务评价体系，覆盖保险公司、保险中介机构销售、承保、保全、理赔、咨询、回访、投诉等全部业务流程，同时支持保险公司、保险中介机构在风险可控、安全隔离的前提下探索互联网保险的业务创新、机构创新、服务创新等，提高保险经营效率，改善保险消费者服务体验。

随着金融科技概念的深化，由国际开始兴起的保险科技（InsurTech）逐渐进入互联网保险行业的视线，科技应用于保险行业随之也被认为将带来保险行业的颠覆。通过大数据、云计算、人工智能、区块链等技术的应用，可以加快推进保险行业的产品创新、服务提升、成本控制乃至风险管理。如宜信博诚保险推出的智能保险服务，通过大数据精准刻画投保人画像，从而分析用户的保障需求，进而针对客户多重风险提供精准化的产品匹配和定制风险保障方案。一方面，传统保险公司尝试通过技术应用进行自身转型，同时互联网公司和专业互联网保险公司凭依自身数据积累和技术优势不断进行创新尝试；另一方面，一系列的创新保险科技公司陆续成立，据清华大学五道口金融学院中国保险与养老金研究中心统计，截至2017年底，国内保险科技领域的创业公司已有200多家。

（二）智能保险

在财富管理领域为人所熟知的“智能顾问”（Robo-advisor）模式，奠基于人工智能技术，不只可以提供投资组合建议，延伸到保险领域可以提供个人风险分析及投保建议，由此衍生出的智能保险近年开始在各市场萌芽。

智能保险是为普通大众客户提供的一种轻松、快捷、智能、客观的保险产品选择及购买的方式，同时也可作为保险销售人员的展业工具。智能保险依托大数据和科技化的手段，通过几个简单问题了解客户情况，自动分析客户的保险需求。将合适的保险产品以科学的逻辑智能组合，与客户需求相匹配，并以简单易懂的方式展现给客户，最终实现在线一键购买、快速出单。

智能保险在线提供个人化的风险分析及投保建议，具有以下三大优势，成为保险公司当前的解决方案之一：（1）公正客观，智能保险提供的任何信息或是建议皆是通过计算机算法产生，完全排除受到佣金或是公司政策影响的人为因素，减少用户过去与销售顾问咨询时的疑虑；（2）全面掌握用户需求，奠基于人工智能技术，智能保险可以在数秒内处理大量数据，预测用户未来需要，更全面地评估用户需要的产品种类、保费以及保障；（3）不受时空限制，通过互联网及移动装置，智能保险在线实时且随时随地为用户提供服务，满足互联网时代下用户的习性及需求，提升用户投保时的体验。

洞察各阶段的转化障碍后，智能保险的价值在国内市场可以体现于保险流程中的初步筛选、深入理解及售后服务阶段：

第一，初步筛选阶段，教育用户。有鉴于国内用户普遍缺乏风险及保险概念，智能保险在初步筛选阶段应该被赋予教育的意涵。首先通过个人化的风险分析及预测，帮助用户具象化潜在需求，建立对保险的基础认知，接下来，通过保单建议及优先排序，帮助用户了解最适合当前需要的保险方案以及筛选逻辑，增加用户的信心及判断力，等同于运用科技快速地普及保险概念及相关知识。

第二，深入理解阶段，弭平用户与保险公司之间的不信任。有鉴于国内用户对保险公司及销售顾问有一定程度的偏见，咨商相关建议时经常产生疑虑，而降低了投保意愿。智能保险在此阶段作为辅助工具，可增加销售顾问提供建议时的专业度及可信度，弭平用户与保险公司之间的不信任。

第三，售后阶段，帮助保户完善人生保障。智能保险延伸到售后阶段，可以针对已购有保单的人群提供缺口分析。根据既有保单及基本信息的输入，为用户进行未来风险预测及保障完整度评估，分析结果包含缺乏以及多购的险种类型，让用户可以进一步做调整，完善人生的保障。

二、发展现状及趋势

（一）线上＋线下保险销售新模式：降低保险销售和代理成本

中国保险行业在与互联网技术的接触和融合之中，摆脱了单一的线下面对面销售保险的商业模式，形成了依托于电话、手机、互联网、移动互联网等多渠道的销售网络，衍生出了技术驱动的互联网保险商业模式。随着保险与互联网、保险与科技的融合发展，互联网保险的运营和商业模式也在发生变化。从最初的保险公司自建网站直接销售，演变至专业保险中介网站和电商平台代理销售，再到以虚拟化专业互联网保险公司推动的场景化服务下兼业销售。与此同时，保险科技概念下产生了基于数据分析的面向投保人需求的定制化产品和服务，保险业的理念也经历了从产品导向到客户导向、从销售驱动到科技驱动的转变。

根据中国银保监会统计数据，2011—2016 年我国互联网保险规模保费从 32 亿元增长至 2347 亿元，虽然 2017 年保费收入仅 1835.3 亿元，较 2015 年和 2016 年有所下降，但 2017 年全国互联网保险保单签单件数达 124.91 亿件，同比增长了 102.60%。互联联网渠道保费规模提升了 69 倍，占总保费收入的比例由 2013 年的 1.7% 增长至 9.3%，成为拉动保费增长的重要因素之一。

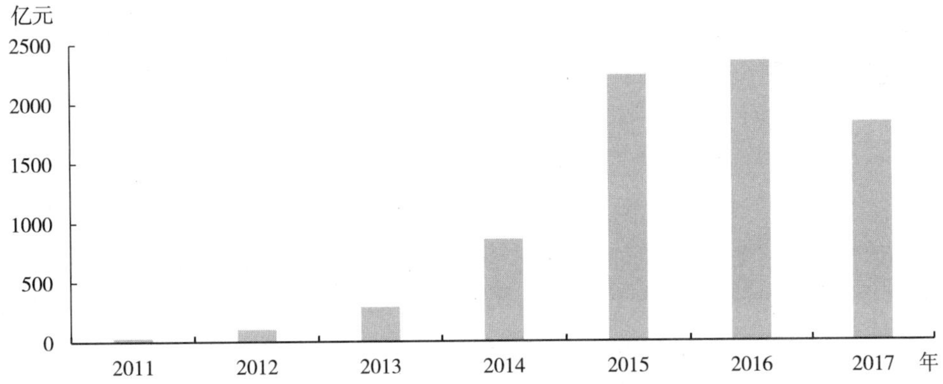

数据来源：中国银保监会。

图 1　2011—2017 年我国互联网保险保费规模增长情况

2011—2017 年年底，国内保险行业经营互联网保险业务的公司从 28 家上升到 131 家。截至 2017 年 7 月，按照《互联网保险业务监管暂行办法》要求，在中国保险行业协会进行互联网保险业务信息披露的保险中介机构已经达到 225 家。

互联网保险的快速发展，也吸引了一大批非保险企业“跨界”“搅局”，专门的互联网保险公司陆续成立。腾讯、阿里巴巴等互联网巨头联合中国平安布局互联网保险市场，联合成立了众安保险；百度、高瓴资本和安联保险三方联合成立了百安保险；

泰康在线、易安财险、安心财险等互联网保险公司陆续成立。

（二）新科技创造新保险领域

传统保险主要基于保险公司精算能力及客户数据进行保险产品开发和运营分析，而近年来，大数据、云计算、区块链、物联网等各类技术的出现正在慢慢渗透到保险经营的各个环节，为保险行业带来新的冲击和变革。保险机构正在应用新技术提升消费者服务体验，改善经营效率，更新业务发展模式。

1. 大数据技术推动保险行业升级改造

首先，大数据技术助力保险行业实现精准营销。随着大数据技术的深入运用，保险公司获取和深入挖掘数据的能力将得到极大的提升，客户行为数据将逐步实现可获取、可分析、可预测，客户关于保险产品的反映也能被保险公司及时获取，这对保险公司传统的营销体系形成了强有力的冲击，使保险销售具备了越过代理人这一中间环节的可能性。

其次，大数据技术将进一步拓宽保险市场保险公司能够借助大数据技术优势，在实现对原有客户资源进行深入挖掘的同时，也覆盖到不同地域、不同行业的客户，提供传统上规模不经济的产品和服务，占领广阔的“蓝海”市场，进而获得更多的客户资源和行为数据，形成发展良性循环。

再次，大数据技术将创新保险行业风险管理技术。基于大数据技术，保险公司可以实时获得消费投保标的数据信息，不断创新风险管理技术。在车联网方面，保险公司可以随时掌握投保人的健康信息、投保人的驾驶习惯、车辆的实时状况、车辆经常行驶路段的风险状况等信息进行监控，能够根据客户不同风险程度，提供个性化的风险管理服务，实现风险减量管理。在医疗保险方面，保险公司通过可穿戴式设备，实时获得、监测到客户健康状况，不仅能为客户量身定做个性化的保险解决方案，更可以在客户健康数据出现异常时进行报警、发出救援信息等，降低风险损失。此外，保险公司还可以通过大数据技术加强对业务风险的管理，提升反欺诈技术。

最后，大数据技术将助力优化保险公司组织管理。大数据技术的发展，不仅能够促使保险公司转变营销和服务方式，也为保险公司重塑自身的组织结构和管理制度提供驱动力，让保险公司重新打造企业信息化管理系统成为可能。保险公司应将大数据技术渗透到保险公司经营的关键环节和流程，优化业务系统、管理系统、信息系统、客服系统和决策支持系统，充分发挥大数据技术在企业管理和运营、信息化建设和维护、客户服务和新产品开发等方面的积极作用。

2. 云计算技术推动保险行业加速创新发展

首先，云计算技术可以助力保险公司业务创新。保险公司可以利用云计算技术，为企业量身打造“保险云”，在云端开发保险核心业务模块、财务模块、流程管理模块等，客户通过云端可以“一站式”完成投保、理赔等保险服务，提升客户服务体验；在非高峰时期，可以将云端开发保险核心业务模块、财务模块、流程管理模块等租借给其他保险公司使用，打造新的利润增长点。

其次，云计算技术可以为保险公司提升大数据分析能力提供支持。在信息化时代下，保险行业数据规模急剧扩大，保险公司时刻需要处理内外部各种非结构化数据和信息，庞杂的影像、语音、文本将成为数据和信息主要来源，数据和信息多样化、复杂化、大量化的特点对保险公司数据处理能力提出较高要求。云计算的可扩展性可以为保险公司深入采集、存储、分析海量的数据和信息，并从中挖掘出有价值的信息提供充足的存储空间和计算能力，进一步提升保险公司大数据分析能力。

最后，云计算技术也有利于促进整个保险行业加强信息共享。信息共享机制对我国保险行业未来发展至关重要，在中国保险行业协会的推动下，我国保险行业省级信息共享机制已经初步形成。随着云计算技术出现和成熟，在省级信息共享的基础上搭建全国保险行业信息共享平台成为可能。未来，基于云计算技术，将各省信息共享平台整合起来实现数据跨行业、跨部门共享，有利于进一步提升保险服务水平，提高保险行业整体效率。

3. 区块链技术为保险行业创造新机遇

首先，区块链分布式、去中心化的特点可以助力互联网微型互助保险发展。区块链技术使“点对点”交易成为可能，形成“去中心化（或中介化）”的自治型保险组织，提供了一种点对点之间的风险融资解决方案，为互联网微型互助保险创造了发展机遇。这种自治型保险组织可以通过预先设定的规则，在不需要第三方干预的情况下，让具有共同需求和面临同样风险的客户自行完成保险交易，通过预交风险损失补偿分摊金，实现直接、主动管理风险。

其次，区块链技术可以降低互联网保险平台信息不对称。区块链是一种公开记账的技术，在记录交易的同时向全网内所有节点公布交易信息，保证各节点能同步交易信息。区块链技术可以实现互联网保险平台、客户、体检机构、医院等相关交易方共同验证的信任机制，形成一个完整的保险生态圈。客户身体状况、职业信息、体检、医疗等相关信息和数据将被记录并在全网内实时广播，并得到相关交易方的共同验证，确保信息真实有效，从而有效降低信息不对称风险。

最后，区块链技术可以进一步压缩互联网保险成本。区块链技术可以保证所有交易按照既定的规则执行，这对于定制化风险评估、缩短承保周期大有裨益。同时，区块链上的规则是公开透明的，可以被用户查验。以比特币为例，整个比特币软件的源代码是公开的，任何人都可以查验，这种交易信息的公开透明，保证所有交易都是可查询的。基于区块链的保险服务，投保、承保、理赔等环节基本可以不需要人为操作，能够有效避免欺诈等不诚信行为，压缩保险成本和互联网保险平台面临的风险，进一步释放保费空间。

4. 物联网技术颠覆保险行业传统经营模式

可穿戴式设备作为物联网健康管理最重要的感应终端，已经在全世界得到了广泛的应用。可穿戴式设备是指利用穿戴式技术对人们的日常穿戴进行智能化设计，能够收集人体生物信号的日常穿戴设备。

可穿戴式设备能够实时采集客户的健康状况、饮食状况、运动状况等信息并上传到云端，形成电子病历和健康档案，实现客户健康状况的“数字化”，精准地评估客户的健康风险状况，并将风险状况作为保险产品定价的依据，有助于打破传统的健康保险产品定价模式。在基于可穿戴式设备的差异化定价模式下，高风险客户适用的保险费率要高于低风险客户，而两类客户享受的保险服务则是相同的，有利于吸引更多面临同样风险的客户，随着客户数量的增加，保险平均费率必然会持续下降、健康保险产品和服务创新将不断出现，客户群体必将集体获益，从而形成健康保险发展的良性循环。

随着大数据技术在保险行业的深入运用，可穿戴式设备采集的数据将成为保险公司制定精准营销策略的重要依据。通过可穿戴式设备采集到的健康状况、环境状况、运动状况等数据，结合客户注册可穿戴式设备时提供的个人信息，保险公司可以预测客户保险需求，挖掘客户“痛点”，在合适的时间通过合适的渠道将合适的健康保险产品向客户推送。

除了可穿戴设备外，车联网技术也将全面提升保险公司的风险管理水平。车联网的概念来自于物联网，是物联网技术在汽车行业的应用。车联网是由车辆位置、速度和路线等信息构成的巨大交互网络，能够实现车与车、车与路、车与人之间的无线通信和信息交换。在承保、定价环节，借助车联网技术，能够更加有效地进行风险识别与风险评估，从而提升保险公司的风险选择能力。在防灾防损环节，借助车联网技术参与客户风险管理，进行有效的灾前预防，可减少风险事故发生。在救援、理赔环节，通过车联网的实时监控与定位，在车辆发生事故的第一时间能够获取车辆的位置信息，启动救援工作，能够最大限度地减少事故损失。

据统计，每年车险骗赔金额约占理赔总金额的20%左右，个别地区或公司甚至能达到1/3左右。保险欺诈发生的原因主要是保险公司对保险事故信息掌握不全面，从而导致了被保险人有机会夸大保险损失甚至故意制造保险事故。因此，全面、真实地获取数据是解决保险欺诈的关键。车联网技术的应用，能够从本质上改善保险公司与投保人之间的信息不对称，改善保险公司所处的信息劣势地位。通过事故发生前的轨迹回放、数据分析，可重构、还原保险事故出险现场信息，增强保险公司对保险欺诈的识别能力。

三、风险与制约因素

一是行业信息系统与数据基础相对较弱。传统保险行业整体的信息系统或架构的集成性、兼容性、异构性相对较差，为实现平稳过渡，很多技术创新只能是基于原有系统或架构的缝补，短时间内技术创新难成气候。同时，数据孤岛效应仍然存在，由于保险公司和电商平台合作的过程中，数据共享和商业机密之间的平衡很难拿捏，新的数据并不像想象中那么容易获取。即使已经采集到了一些新的实时数据，处理这些新数据的能力也相对薄弱，其可供预测的能力和方式也有待验证，如何融入精算模型中进而影响最终的定价仍需要大量的实践和探索。保险公司数据应用水平参差不齐，传统保险行业与互联网行为数据的匹配度较低，大规模数据应用尚需时日。

二是保险科技商业模式探索阶段存在不确定性。无论是创新技术本身的开发与应用，还是成熟技术或数据用于商业模式的探索，能否最终成功，都存在一定的不确定性，能否承受创新带来的代价，是保险行业乃至每家保险公司都需要权衡思考的问题。多数保险企业缺乏在线认证客户身份的技术和手段，只能依靠消费者在网上填写的信息进行风险评估，存在信息不真实引发的欺诈和逆向选择风险。互联网信息碎片化、交易场景虚拟的特点，导致部分客户信息存在失真情况，给保险公司开展后续承保、理赔、投诉和续保等系列服务增加了难度，影响客户体验和保险公司的后端服务保障能力。

三是创新变革的合规问题凸显，偏离保险本质。场景创新变革，尤其是互联网场景上的创新，有可能出现偏离“保险原理”的伪保险产品，监管部门也因此叫停了很多这类产品。保监会在 2017 年 1 月发布了《财产保险公司保险产品开发指引》，提出保险公司不得开发对保险标的不具有法律上承认合法利益、无实质内容意义，炒作概念的噱头性产品。部分保险产品为了吸引眼球和片面追求规模，盲目创新，比如，“跌停险”“贴条险”等产品，偏离了保险的保障本质，并未体现出保险对客观风险导致损失的补偿功能。

四、未来展望

随着科技融合的加深，人工智能与大数据等技术的应用，保险企业运营效率将会继续大幅提升、运营成本也将继续下降。利用技术能够对风险有深刻的掌握，提升保险公司风险管理的水平，降低信息不对称和道德风险，进一步降低保险产品的价格。此外，对于投保的金融消费者而言，保险产品也将更为透明，更契合投保人的保障需求。总的来看，互联网保险的发展空间与潜力还很大，未来市场将持续扩大。

其一，互联网保险加速回归保障功能。互联网保险发展初期的技术手段简单化，造成复杂产品的展示效果较差，从而逐渐形成了以更为简单形态的理财型保险占主流的态势。这一情况严重违背了保险保障的初衷，产品结构失衡也造成保险公司现金流管理的潜在风险。随着监管政策引导与保险公司对互联网保险的认识提升，结合更多维化的技术手段应用，互联网保险借助物联网、大数据、云计算和人工智能在数据获取与分析、客户获取与服务、风险度量与管理方面能有更大的提升，从而助推互联网保险更好地发挥保障功能进而更好地服务实体经济。

其二，保险科技带来行业颠覆。从全球金融科技的投融资情况来看，保险科技已经成为投资领域的热门，这一趋势也在中国有所显现，保险科技创业企业获得融资的数量和金额都在不断增长。同时，传统保险公司也在积极推动科技在保险全流程业务中的应用，并成立内部科技部门不断探索区块链、人工智能等技术的应用潜力。随着科技的全面应用，将会带来保险行业的产品创新、模式创新、服务创新等全方位的行业颠覆。

其三，互联网保险监管不断完善。2017年5月，中国保监会发布《中国保监会关于弥补监管短板构建严密有效保险监管体系的通知》，指出各级保险监管部门要针对现存问题，要加快补齐制度短板；要提升新型业务监管水平；研究完善互联网保险监管和风险防范有关机制，在有效控制风险的前提下支持行业运用互联网技术创新产品、服务和模式。而此前，《互联网保险业务监管暂行办法》《互联网保险风险专项整治工作实施方案》《中国保监会关于进一步加强保险业风险防控工作的通知》《关于保险业支持实体经济发展的指导意见》等一系列政策出台，未来将形成一套完善的监管与指引体系，从而规范引导互联网保险行业健康有序发展。

中国互联网新篇章　迈向产业融合

波士顿咨询公司　阿里研究院　百度发展研究中心

当前，中国互联网的产业融合趋势进一步加强，中国互联网企业更加积极地走向产业互联网，与实体经济进一步融合。

在关注互联网企业新动向的同时，各界也对中国互联网新阶段的发展充满好奇：中国互联网的产业融合趋势揭示了中国数字化路径的什么特色？中国互联网企业在中国数字化路径中起到什么作用？中国特色的数字化路径带来了什么独特的商业模式？对制胜互联网下半场意味着什么？我们期待本报告能引发更多的思索和探讨。

报告成果系综合汇集内部数据、第三方报告、专家访谈调研、内部座谈研讨等多方位输入而成。报告涉及的访谈对象广泛：近20位来自领先互联网企业的专家及业务主管，从互联网视角提供最新的市场信息和洞察；近30位产业专家，包含产业互联网专家、传统产业专家和产业学者等，从产业的角度畅谈对中国互联网与产业融合趋势的真知灼见；近10位BCG大中华区和北美地区的科技行业合伙人和专家，针对中国和美国科技行业发展状况与趋势贡献详尽的数据、分析和洞见。

一、中国特色的数字化路径：消费互联网带动产业互联网

现阶段，中国消费侧呈现线上与线下消费多渠道全面融合、消费行为高度数字化、创新模式不断涌现的特点。反观后端，产业互联网的发展仍在追赶全球领先水平。在此背景下，消费互联网的前端应用及商业模式的创新正沿着价值链牵引后端生产等环节进行数字化协同。同时，在前端积累的海量消费数据以及自身开发的数字化工具应用将使互联网企业更好地赋能传统垂直产业，推动产业互联网的发展（见图1）。

（一）在前端，消费互联网蓬勃发展

从前端消费侧来看，中国消费者在行为上已经呈现出高度的线上线下多渠道多触点全面融合的特点，习惯于数字化的消费者使得中国在前端消费侧已经高度数字化。

如图2所示，我们针对中国200个家庭的消费者进行了调研。调研显示，沿着消费行为路径，中国消费者从发现、研究，到购买、付款、配送，再到售后的每个环节中已形成线上和线下多渠道多触点全面融合的现象。同时，中国消费者在线上和线下不同触点间的切换转化也更加频繁。中国消费者的数字化习惯推进了前端消费侧的数字化发展进程，并在消费者的生活、工作、学习、娱乐等各个场景里不断提高数字化的程度。

以生活场景为例，在衣食住行四大方面，中国的数字化程度已经赶超美国。

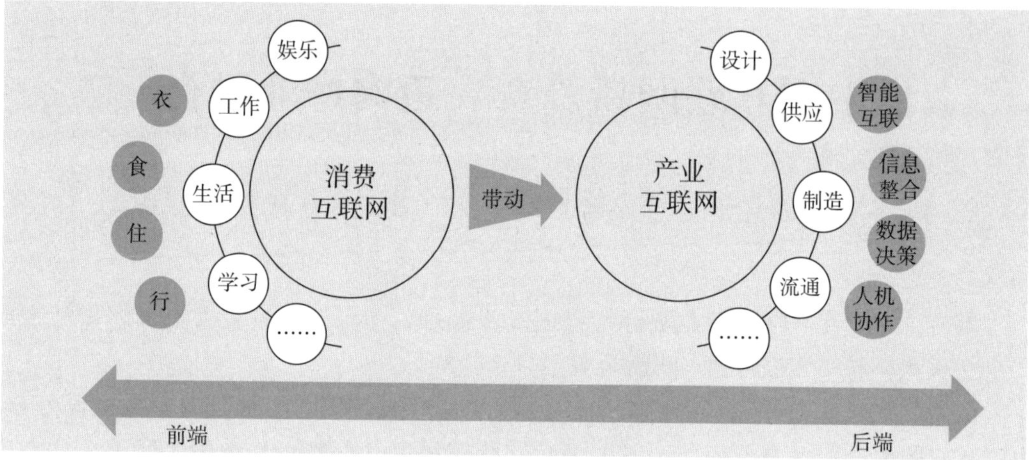

图1　消费互联网带动产业互联网

衣：在服装行业，数字化已经催生出了高度敏捷的商业模式，中国部分高度数字化的新型服装企业的产品款式迭代速度大幅领先国外同行。

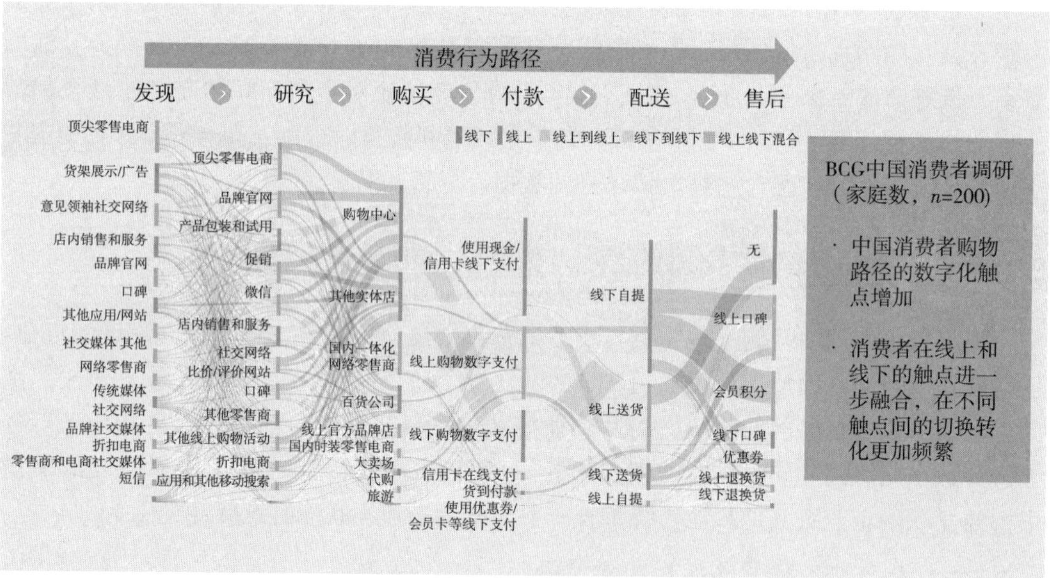

资料来源：BCG 2015年中国消费者调查数据库。

图2　中国消费者消费行为路径调研

食（见图3）：在饮食行业，数字化完全改变了中国食客的堂食体验，形成了数字化体验闭环。从排队、点餐、派单、支付到会员管理，均已经实现高度数字化。目前，中国端到端数字化的餐饮门店已超过60万家，遍及200多个城市。

住（见图4）：在家居行业，近年来，中国智能家居市场呈现爆发性地增长，未来将成为智能家居销售的主战场。从整体智能家居发展来看，目前，中国的一二线城市的智能家居渗透率已经达到约20%，逼近全球智能家居最领先国家美国的27%。

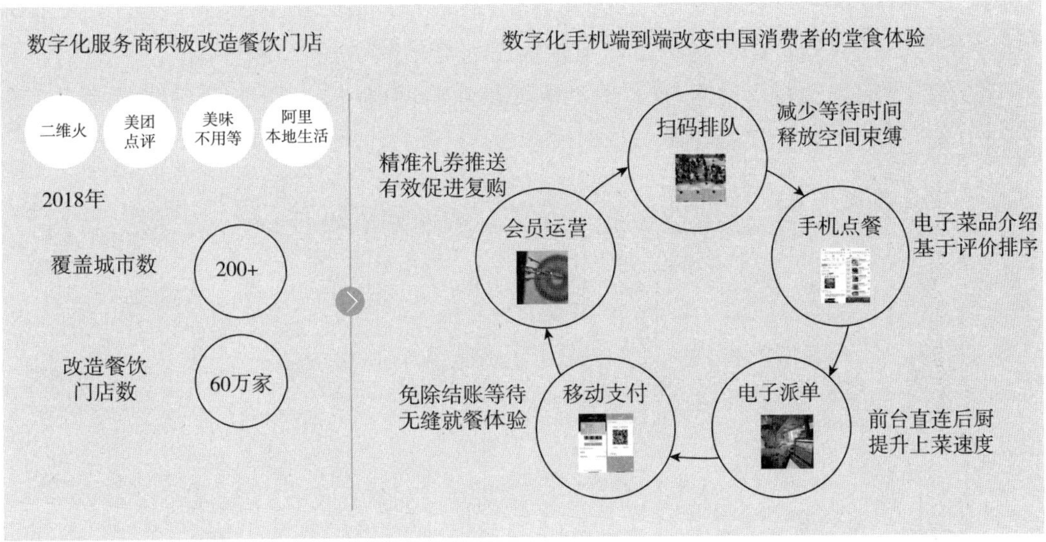

资料来源：公司官网。

图片来源：BCG 图库。

图 3　中国餐饮业的数字化发展

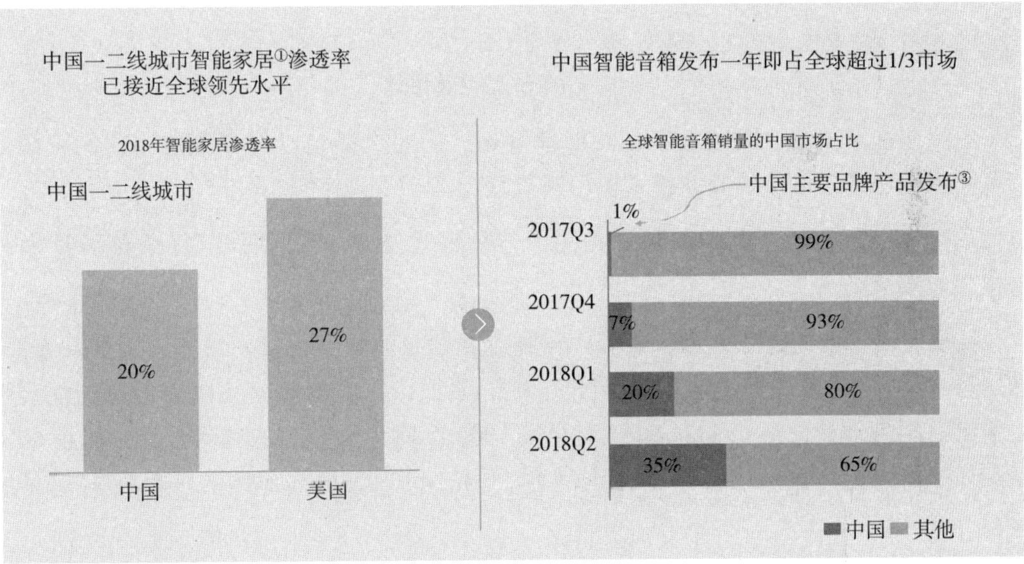

资料来源：公司年报；Canalys Smart Speaker Analysis；BCG 分析。

①智能家居市场指代为普通顾客实现家庭智能自动化的互联网产品和相关服务。

②中国一二线城市采用智能家居的家庭数量以智能家电在一二线城市的销量占比作为参考值来估计。

③包括阿里天猫精灵、小米小爱音箱、百度小度在家、小度智能音箱等产品。

图 4　中国的智能家居市场

行（见图 5）：在出行行业，数字化共享出行方式在中国大行其道。以中国为主要市场的滴滴出行在规模上远远领先全球市场运营的 Uber。根据官方网站及报道，2017

年滴滴出行在中国的日订单量已经达到2000万单，而Uber在全球的日订单量为1500万单。同时，互联网企业积极联合整车企业发展车联网业务。举例来说，阿里巴巴与上汽联合成立的斑马智行已为50万辆汽车提供互联网解决方案，并且与包括宝马、东风在内的多家整车企业开展合作。

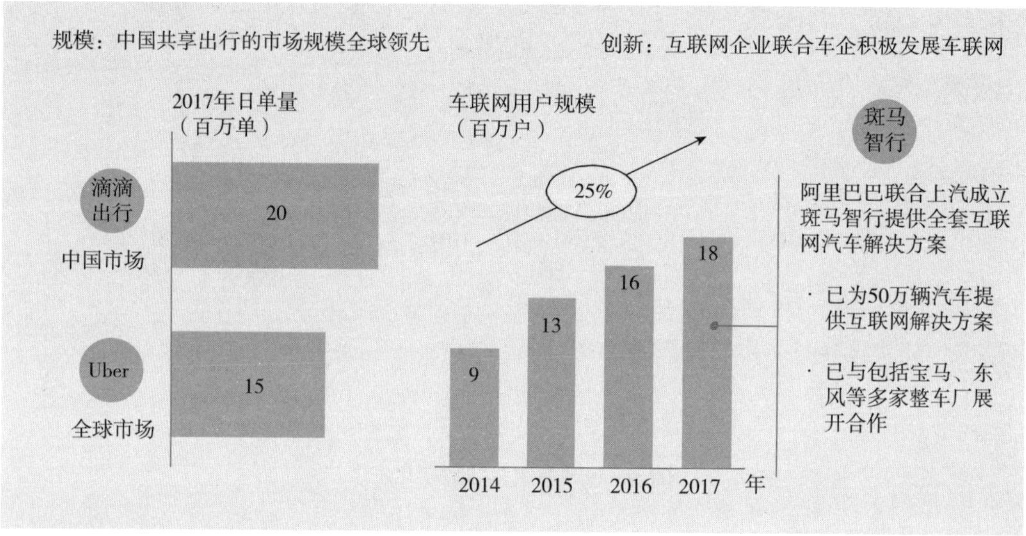

资料来源：公司官网；前瞻产业研究院；BCG分析。

图5 中国的数字化出行

中国在前端消费互联网数字化发展程度高，同时为满足已经高度数字化的中国消费者的消费习惯，创新的商业模式也不断涌现。

（二）反观后端，产业互联网的发展仍在追赶全球领先水平，部分新兴技术领域呈现跨越式发展

反观后端，以制造业为例，虽然中国制造业领域的数字化发展迅速，发展意愿高，但是总体发展水平仍处于追赶全球领先水平的阶段，行业的数字化能力仍待加强。以数字化工厂为例，根据Capgemini针对全球1000个制造业企业的调研显示，截至2017年3月，中国现有数字化工厂所占比例为25%，仅为美国与德国的一半左右（见图6）。

具体来看，中国制造业领域的数字化发展在智能互联、信息整合、数据决策以及人机协作四个核心方面与全球领先水平相比仍存在一定的差距。

智能互联（见图7）：特指相互连接的机器、设备、传感器和人员。中国在装备的智能化水平方面亟待提高。以传感器为例，中国在工业传感器上的总体投入与美国相比虽然相差较小，但是在对智能互联程度起到关键性作用的智能传感器方面仍存在较大差距。中国的智能传感器在工业传感器的渗透率，相较美国的约12%，仅约为5%。

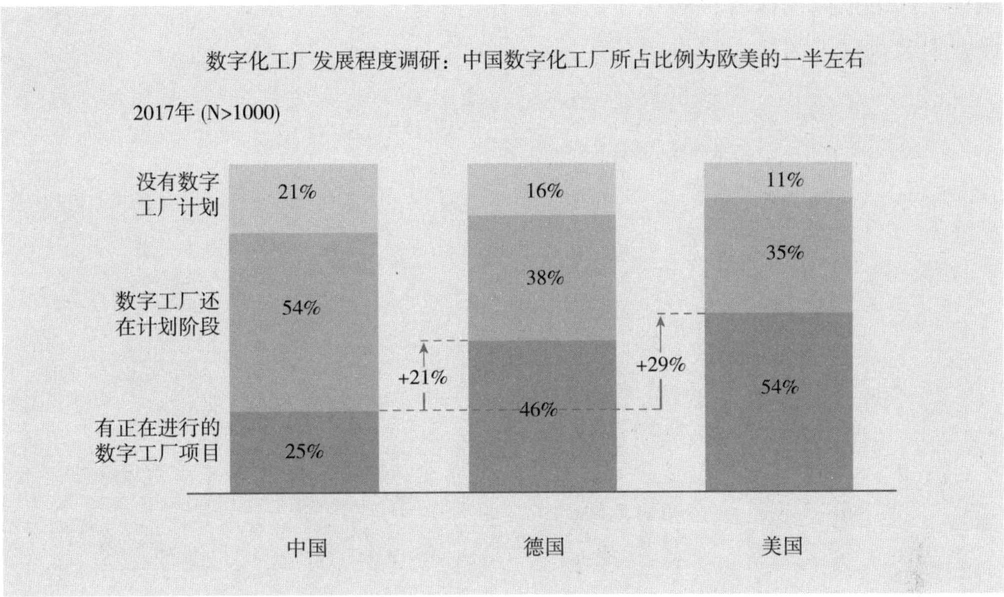

资料来源：Capgemini 数字化转型研究院《数字化工厂发展程度调研》，调研包括来自营收 10 亿美元以上的制造业企业的1000 多名高管，其中 40% 来自美国，10% 来自中国，9% 来自德国；BCG 分析。

图 6　中国的数字化工厂发展程度调研

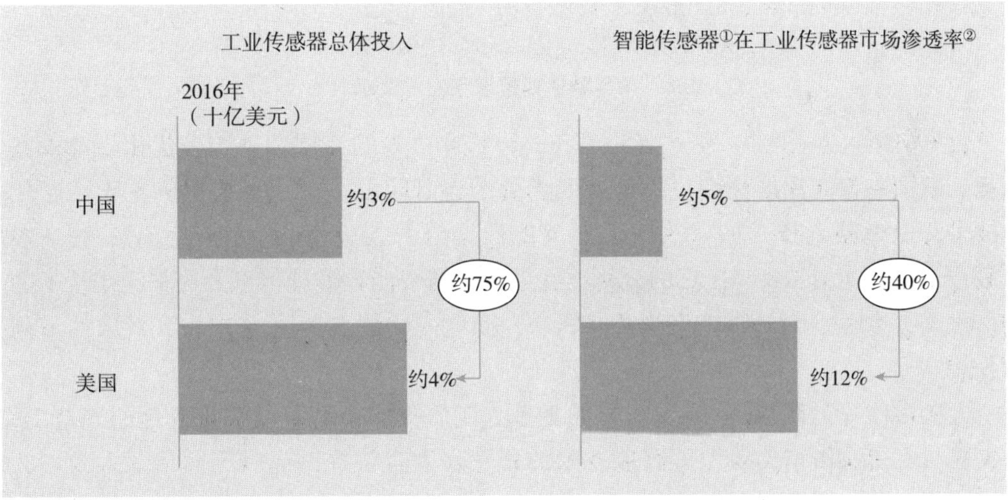

资料来源：中商产业研究院；中国信通院；Global Market Insights；案头研究；BCG 分析。

①智能传感器：集成了感知、处理和无线通信功能的传感器模组。

②渗透率基于市场销售额占有率计算。

图 7　中美工业传感器领域投入对比

信息整合（见图 8）：特指跨系统的全数据信息整合，实现对物理制造世界的完全数字化再现。中国的工业信息化水平仍落后于领先国家。中国仍需进一步推进信息化以及信息整合。在进一步信息化方面，以关键制造工序的数控化程度为例，中国制造业关键工序的数控化程度仍然低于美国。在信息进一步整合方面，以上云率为例，中国企业上云率仅为30%，明显低于美国。

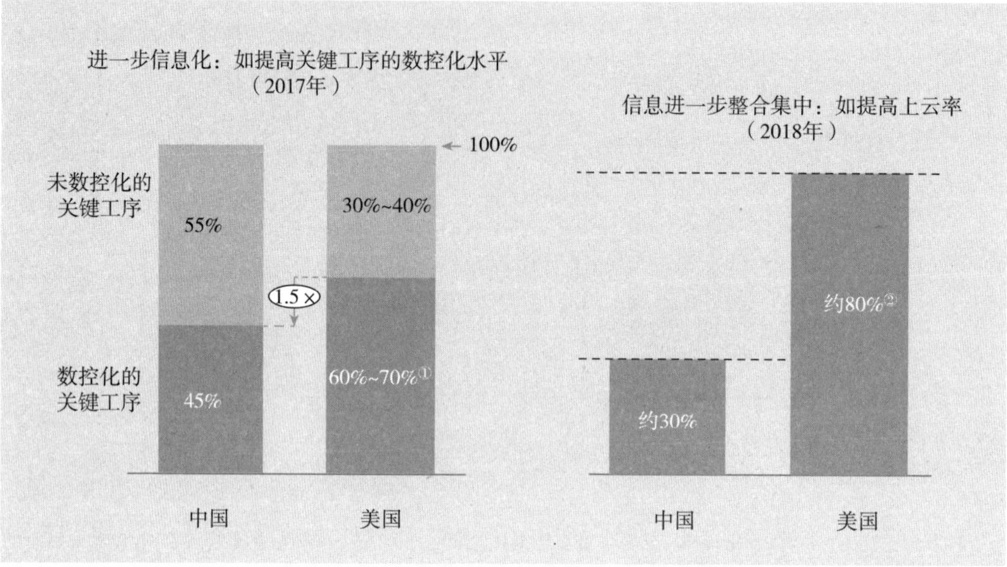

资料来源：国家统计局；工信部；中国信息化百人会；观研天下；中国电子学会；Evolve IP；RightScale；BCG分析。

①观研天下报告指出美国等发达国家数控化程度达60%～70%。

②美国企业上云率不同统计来源的数据不同，但结论大多在70%～90%。

图8　中美制造业信息化发展情况对比

数据决策（见图9）：特指通过分布式分析和决策的算法和系统来优化生产设备和流程。中国在智能数据分析与决策方面仍处于追赶阶段。中国目前更侧重于信息化基础技术及先进制造技术的发展，但对智能数据分析和决策方面仍落后于美国。根据BCG专利分析工具ROVER©的分析，在中国，与智能数据分析以及决策相关技术的专利占比仅有10%，对应的专利数为993项，而这一比例在美国为34%，对应的专利数为5203项。

人机协作（见图10）：特指智能机器及人工协作完成高负荷和重复性的制造工作。中国在与人机协作相关的先进制造技术的普及程度有待提高。以工业机器人为例，虽然中国在全球工业机器人的销量占比逐步攀升，但是中国工业机器人的使用密度仍远远低于发达国家水平。

究其根本，中国后端制造业的数字化发展程度总体上受制于制造业整体发展的水平。例如，中国制造业的附加值与发达国家相比仍然较低，附加值在制造业总产值占比仅为21%，而美国则达到37%。同时，制造业的信息化基础还有待提高，主要工业软件的普及率需要进一步加强（见图11）。

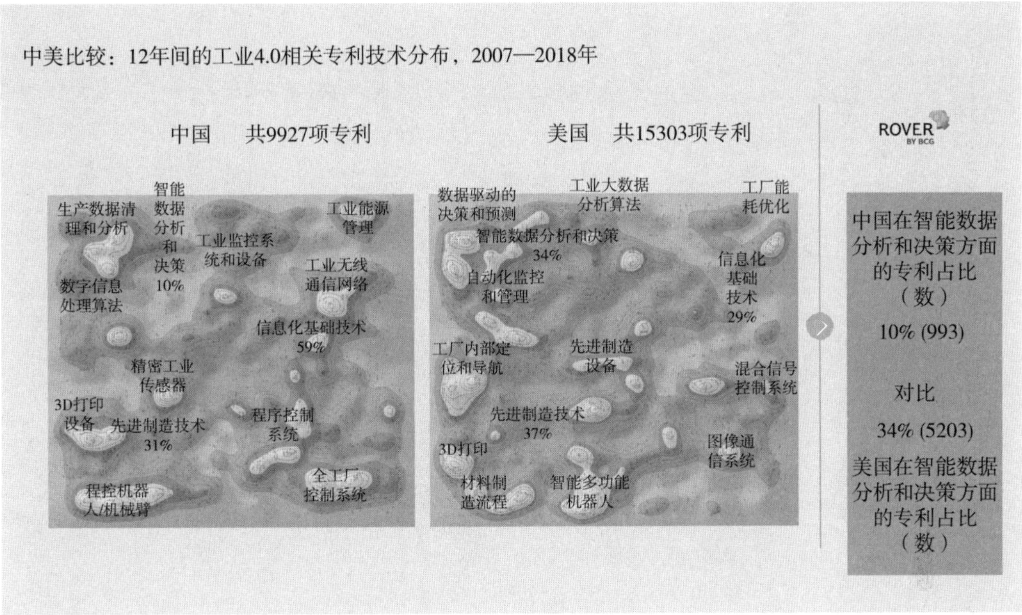

注：“波峰”和“波谷”表示专利密集程度。

资料来源：BCG ROVER 专利检索和分析工具；BCG 分析。

图 9 中美十二年间工业 4.0 相关专利技术分布对比

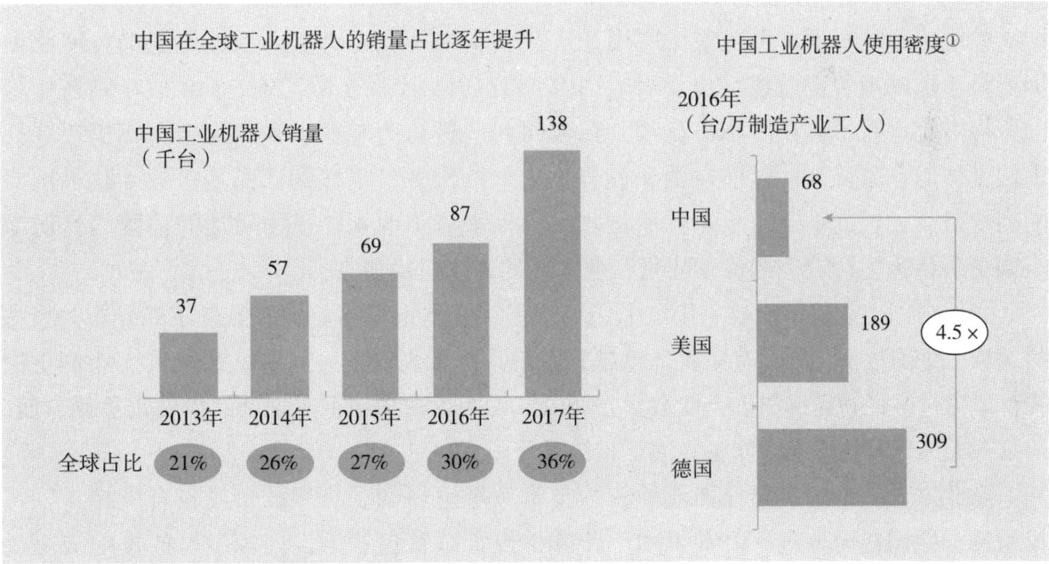

注：①使用密度＝工业机器人库存/制造业直接雇员数。

资料来源：IFR；万得数据库；BCG 分析。

图 10 中国工业机器人发展程度

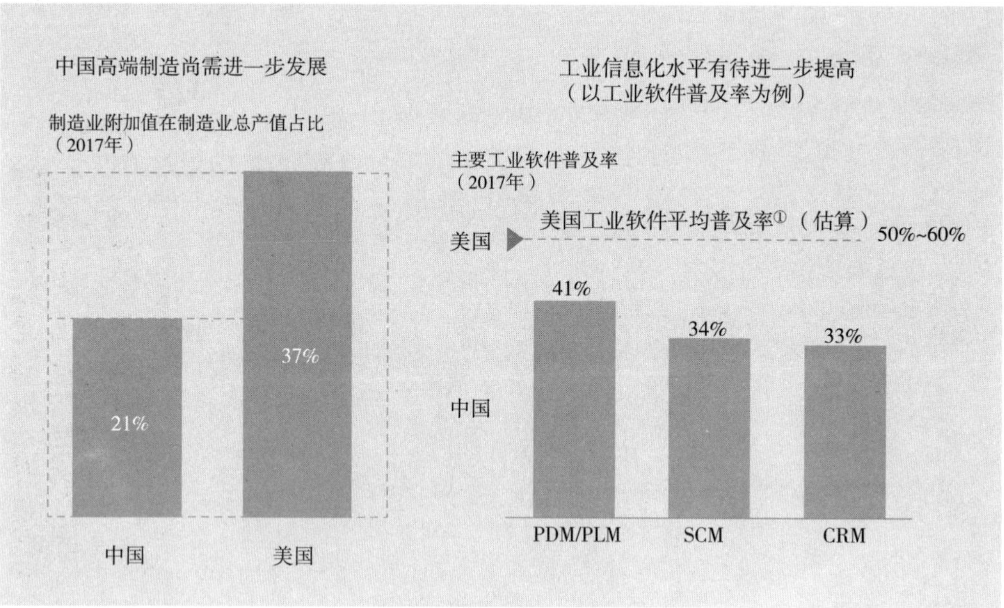

注：①基于美国制造业工业软件销售及企业数量情况估算。

资料来源：美国商业部经济分析局；中国国家统计局；观研天下；ITIF；Onshape；Lisa Picarille *CRM World-Domination*；BCG 分析。

图 11　中国制造业整体发展水平

中国企业相对而言更侧重于应用和产品创新的特点也决定了后端制造的数字化发展要慢于前端消费侧的数字化发展。INBENZHAP14 针对 6 个国家，148 位在制造领域的资深专家进行了调研。调研显示，在被问到“你认为工业 4.0 的机会在哪里?”时，中国受访的专家认为针对前端消费侧提供更好的服务、更多的产品是工业 4.0 最重要的商业机会，远高于受访专家的平均水平。而来自工业 4.0 最为发达的德国的受访专家则更多认为生产制造的优化才是工业 4.0 的未来机会所在。

虽然中国工业整体的数字化水平仍与全球领先水平存在差异，但是在部分新兴技术的领域，中国数字化程度有望实现跨越式发展。以无人驾驶为例，在 2017 年，中国不论在估值超过 1 亿美元的初创企业数量方面以及无人驾驶初创企业累计的投融资总额方面，还是在无人驾驶技术人才储备方面都超过了美国。

除此之外，中国在部分其他的新兴技术领域也得到了雄厚的市场资金支持。以风投为例，中国在无人机、语音识别、计算机视觉以及自然语言处理领域的投融资总额均超过了美国。

总体来说，中国的前端消费互联网的数字化程度已经在全球处于领先地位，产品与服务广泛地覆盖到了消费者衣食住行各个方面。另外，中国的后端产业互联网虽在智能互联、信息整合、数据决策、人机合作等方面有所发展，但总体数字化程度仍然处于发展阶段。

（三）消费互联网带动产业互联网发展

在中国，前端消费的蓬勃发展和后端产业的追赶状态并存。这种情况造就了独特的中国数字化发展路径：前端消费互联网带动后端产业互联网的发展。大型互联网公司以及科技公司逐渐切入产业价值链，基于前端应用和商业模式创新，沿产业链牵引后端进行数字化协同。同时利用大量消费数据为后端价值链赋能，使用数字化工具带动后端生产进行转型。

二、谁在带动：互联网企业作用凸显

综合以上分析，我们可以看到：

在消费侧，消费互联网蓬勃发展；在生产侧，产业互联网崭露头角；从价值链上看，消费互联网带动着产业互联网的发展。在消费互联网带动产业互联网这个独特的中国数字化发展路径中，互联网企业扮演了尤其重要的角色。

中国互联网企业在传统零售渠道积极推进对夫妻零售店的数字化改造，仅阿里巴巴一家即在 2018 年底覆盖了超过 100 万家夫妻零售店，占据全国夫妻零售店总量的约六分之一。

而在线下零售额占比达到 67% 的现代零售渠道方面，互联网企业积极地从线上走向线下，大力投资实体零售。阿里巴巴自 2015 年起，开始投资苏宁、银泰、联华等实体零售企业，而京东及腾讯也投资了永辉超市等为代表的实体零售企业。

以零售连锁百强企业为样本分析，中国互联网企业对线下实体零售的影响力明显更大；相比较而言，美国实体零售企业则更积极地从线下走向线上建立自主品牌电商。在中国零售百强企业的销售总额中，受到中国互联网公司投资的比重占到 28%。而这个比例在美国零售百强企业中只有 0.8%。相反地，在中国零售百强企业中只有 33% 的企业选择建立自主品牌电商（自建电商网站不包含移动 APP）；但在美国零售百强企业中这个比例达到了 88%。由此可见，中国零售企业的互联网化更多由线上公司走向线下驱动。

中国互联网企业更积极地走向线下这一现象主要是由三方面驱动因素造成：

中国互联网人口红利逐渐放缓，亟待新的业务增长点：纵观中国互联网发展，互联网用户总量的快速增长无疑是中国互联网发展的重要驱动力。然而近年来，中国互联网用户的整体增速逐渐放缓，尤其自 2013 年以来增速下降为个位数，2017 年互联网用户增速仅为 5.6%。因此互联网企业亟待新的业务增长点。

线上资源相对集中，中国互联网巨头们有较大优势走向线下：中国互联网巨头们虽面临互联网人口红利放缓的挑战，但优势在于其拥有广泛的线上资源且资源相对集中。中国的线上流量呈现出“三足鼎立”的趋势，跨领域资源主要集中在百度、阿里以及腾讯三个互联网生态中。反观美国，在各垂直领域均有各自不同的领军者或者出现多家竞争的格局，并未形成横跨领域的资源集中优势。中国互联网企业巨头们坐拥这一优势，更有助于其迅速向线下发展。

中国实体零售市场集中度低，零售企业数字化转型能力不足：在市场集中度层面，中国的实体零售市场集中度远低于美国。中国零售百强市场份额仅为7.5%，而美国则达到45%。在企业规模层面，中国零售百强企业平均收入也远低于美国。与美国相比，中国的实体零售市场拥有更多的中小型企业，而这些企业自身数字化能力相对较弱，亟待数字化转型。因此，为互联网企业走向线下并在线下发挥更大的作用提供了机遇（见图12）。

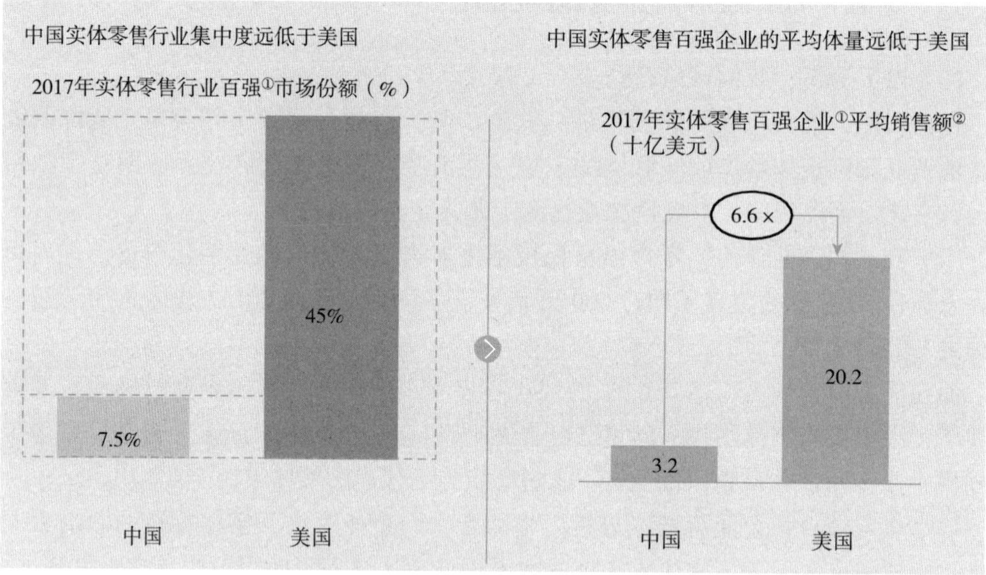

注：①基于中国连锁经营协会《2017 中国连锁百强》。

②汇率使用2017年平均汇率1美元=6.74元人民币。

资料来源：国家统计局；美国商务部；中国连锁经营协会；Stores. org；公司财报；BCG分析。

图12　中美零售百强市场集中度及营业收入对比

三、如何带动：平台模式独树一帜

平台模式在中国的数字化发展中显得尤为流行和重要。通过平台赋能小型企业成为中国一个重要的数字化转型模式。以工业互联网平台为例，在中国，各类企业，包括产业、科技、互联网企业均在积极发展工业互联网平台。目前，中国的工业互联网平台的数量在全球范围内处于领先地位。根据IoT Analytics统计，全球工业互联网平台数量大约150个，而中国具备一定产业影响力的工业互联网平台就已超过50个。

但是在总体上，与欧美的工业互联网平台相比，中国的工业互联网平台普遍更侧重于应用领域，包括数字化行业应用、资源匹配和配套行业服务等。

具体来讲，中国的平台应用侧重于通过资源匹配为中小企业赋能，将领先企业的产业资源与中小企业的生产需求整合。这体现了消费互联网的思维。

而导致中国工业互联网平台侧重于应用领域尤其是资源匹配这一现象的原因，究其根本，与中国制造业企业的市场环境息息相关。

中国制造业总体行业集中度较低，以钢铁制造（粗钢）和汽车制造（乘用车，按子公司口径）为例，中国行业集中度 CR4 分别为 22% 和 32%，而这一比例在美国则分别达到了 65% 和 59%。这意味着中国制造业存在更多的中小企业（见图 13）。

这些中小企业在中国面临着融资难、对经济环境变化的适应能力低、营商环境有待提高等挑战。在融资方面，中国中小企业创造约 60% 的 GDP，而贷款余额仅占银行贷款总余额的 25%。在适应能力方面，中国中小制造企业平均利润率偏低，仅为 3% ~ 5%，而中国税收成本利润比例较高，导致企业对外部经济和政策环境较为敏感。在营商环境方面，中国企业信用信息覆盖率为 21.4%，对比美国近 100%。在这些挑战下，企业的生命周期偏短。根据 *Ecology of Chinese Private Enterprises* 一书中的调研，中国中小企业平均生命周期仅为 2.9 年，而美国为 7 年，日本为 12 年。同时，中国中小企业近期又面临着人力成本不断上升带来的挑战。2007—2017 年，制造业年均工资以 13% 以上的增幅逐年上涨。目前中国制造业人力成本已经超过越南、墨西哥等国水平（见图 14 和图 15）。

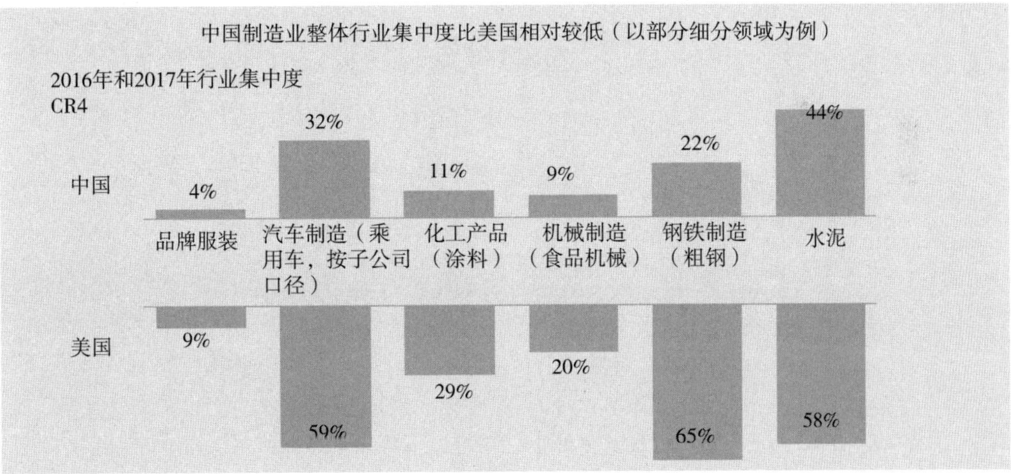

资料来源：EuroMonitor；华泰证券；World Steel Association；Wind；中国汽车协会；Autodata Corporation；观研天下《2018 年中国食品机械市场分析报告》；中国冶金报；海通证券；数字水泥网；United States Census Bureau；BCG 分析。

图 13　中美制造业细分领域行业集中度对比

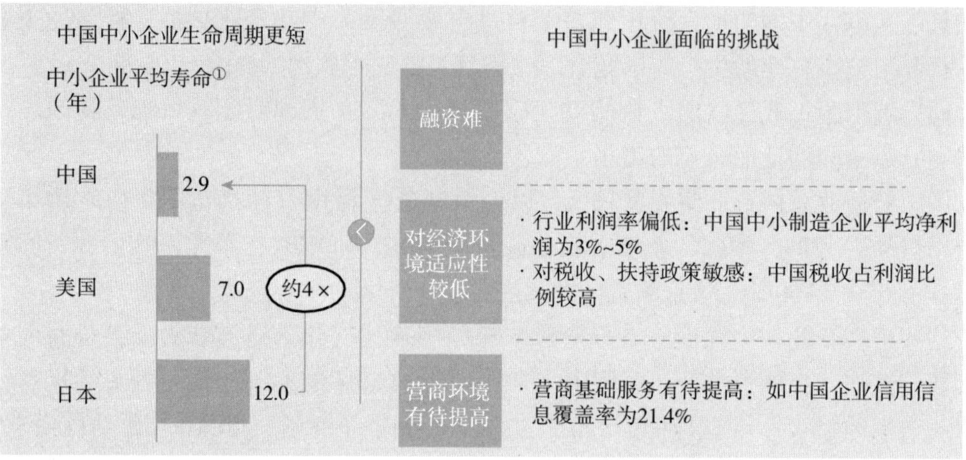

注：①根据 *Ecology of Chinese Private Enterprises* 一书中对比的中国、美国、日本中小企业平均寿命。

资料来源：世界银行；Ecology of Chinese Private Enterprises；China HRKey；BCG 分析。

图14　中、美、日中小企业生命周期对比

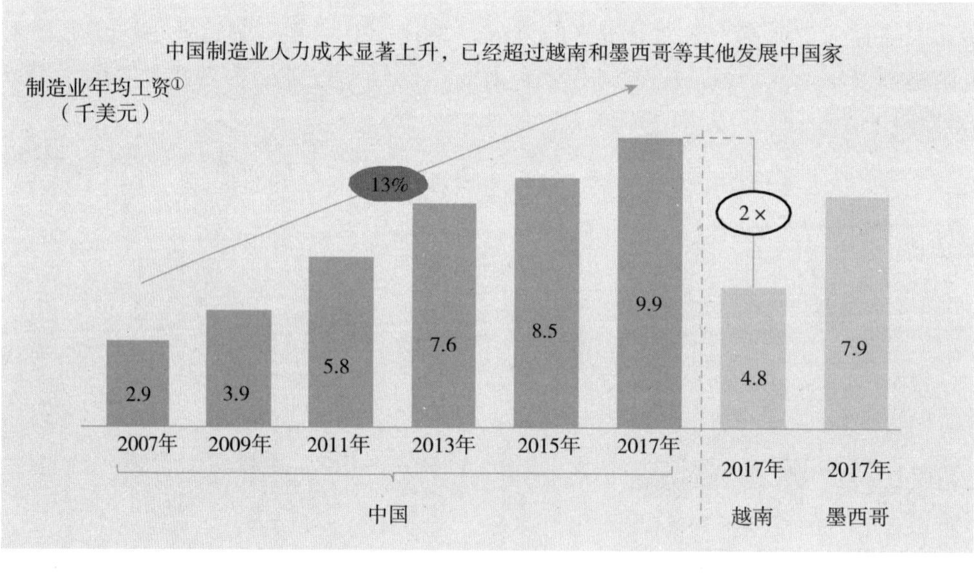

注：①2007 年到 2017 年的人民币兑美元汇率采用每年年终的外汇中间价换算。

资料来源：国家统计局；Trading Economics；IHS；SourceToday；BCG 分析。

图15　中国制造业人力成本趋势

因此，这些中小企业对自身数字化改造关注度相对较低，而更青睐在数字化方面短期见效的侧重于资源匹配的平台模式。根据阿里研究院针对 4000 个中小企业的调研，仅有 16% 的企业认为包含数字化的新技术及新模式才是企业的主要发展“瓶颈”（见图 16）。

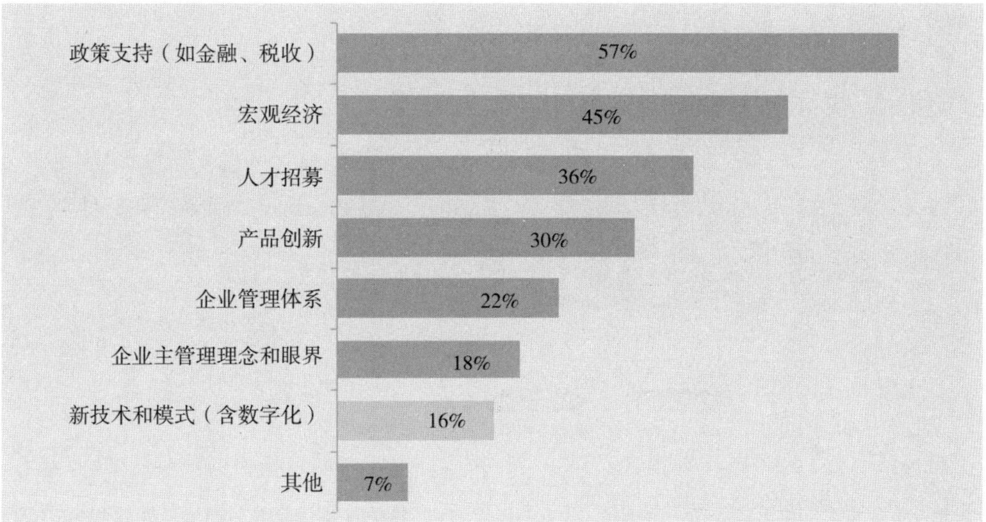

注：中小企业（年营收 <3 亿元人民币）调研，“你认为企业的主要发展瓶颈有哪些？”（2017 年，N = 4000）。

资料来源：阿里研究院《中小企业生存现状与发展策略》；BCG 分析。

图 16 中国中小企业发展瓶颈调研

四、未来思考：中国互联网新篇章的制胜之道

很显然，中国互联网下半场的重心将向产业互联网转移。互联网公司需要将重心从它们熟悉的前端消费和应用层面向后端产业以及价值链上游发展，这无论在企业运营、组织架构方面还是在技术发展层面都将是全新的挑战。同时，互联网公司进入传统产业将使得传统产业企业和在华的跨国企业也需要走出舒适圈，迎接数字化带来的商业运营模式等各方面颠覆性的挑战。那么在这样的形势下，中国互联网新篇章的制胜之道是什么？而互联网企业，传统产业企业与跨国企业在互联网的新篇章里又面临着哪些机遇与挑战呢？

（一）中国互联网新篇章的制胜之道

在中国互联网走向产业融合这一趋势下，我们认为中国互联网新篇章的机遇是推进产业深耕和建立平台赋能产业。BCG 对新兴互联网企业进行分析，选取 2018 年底前 18 个月中国新上市的互联网企业和估值前 10 的互联网独角兽企业作为样本分析。在这些新兴力量中，70% 的企业都选择了深耕产业或者赋能平台的制胜之道（见图 17）。

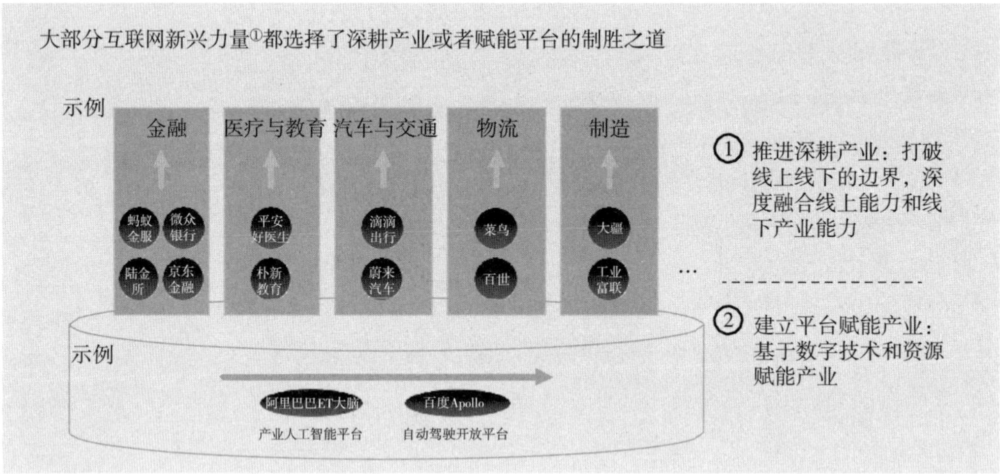

注：①选取截至 2018 年底前 18 个月的新上市互联网公司及估值排名前 10 的互联网独角兽企业为代表进行分析，约 70% 的企业选择深耕产业或者赋能平台。

资料来源：案头研究；BCG 分析。

图 17　中国互联网新篇章的制胜之道

这些新兴力量中，一部分企业选择深耕产业的道路，打破线上线下的边界，深度融合线上能力和线下生产力。以金融为例，蚂蚁金服从前身支付宝的支付服务逐渐向其他包括线下的金融产业拓展，与银行等金融机构合作推出联合贷等各项金融服务。

另一部分互联网新兴力量则通过其技术和资源，建立平台赋能传统垂直产业。例如，阿里的 ET 大脑建立产业人工智能平台，向合作伙伴提供包括语音识别、智能分析等人工智能服务，为多个产业进行数字化赋能。

（二）中国互联网新篇章将面临的挑战

在直面机遇的同时，不同类型的企业在推进产业互联网融合或建立赋能平台的过程中也将会面临各自不同的全新挑战。

对中国互联网企业的挑战：

• 垂直行业 Know How：如何将互联网公司的数字化能力与传统垂直行业的行业 Know How 相结合，赋能垂直行业，推动行业数字化转型？

• 2B 组织转型：互联网企业如何建立 2B 业务组织或进行相应的组织转型？

• 颠覆性行业生态：如何针对垂直行业选取合适的生态伙伴，是否能够建立颠覆性的行业生态？

• 数字化平台运营：如何进一步发挥互联网企业的优势做大做强平台，并与产业进一步结合？

对中国传统产业企业的挑战：

• 与互联网企业的竞合：如何与互联网企业合作？同时如何从长期和多维度视角考量与互联网企业可能存在的竞争关系？

• 应对颠覆性行业生态：如何对现有合作伙伴和行业生态进行布局和调整来应对可能出现的行业生态颠覆？

• 数字化业务转型：如何高效推进现有业务的数字化转型？如何在转型过程中建立起自身的竞争优势？

• 数字化组织和运营转型：如何用互联网思维和数字化手段改变企业内部的运营方式和组织方式，变得更敏捷？

对跨国企业的挑战：

• 在华战略重新审视：在新的跨界竞争环境下，如何重新审视在华战略，并对现有业务进行调整？

• 中国产业互联网的深度参与：跨国企业应该在哪些领域，通过什么样的方式来融入中国数字化和产业互联网的发展大潮中去？

• 新型合作伙伴关系：跨国企业应该基于自身哪些价值主张，并设计什么样的合作模式，与中国互联网企业建立合作伙伴关系？

• “中国特色”的运营模式：面对新的竞争环境，跨国企业应如何调整自身运营模式，如何进一步通过本地化运营来适应中国特色的数字化市场环境？